JN001362

50歳からの
ひとりごはん

少量・手抜き料理で
生きていく！

本多理恵子

集英社

“職業・料理家”

「私のリアルなひとりごはん」

料理を仕事にしていると、毎日すごいものを食べていると勘違いされます。
現実はひと皿に盛った炭水化物中心だったり、
基本“映(ば)えない地味ごはん”を食べています。
気分が乗ったときは小皿に盛りつけたり凝った１品を作ったりもしますが、
毎日自分を食べさせていくには「無理せず・
そのときにちょうどいいものを適量」食べることが大切だと思うのです。
栄養バランスは考えすぎず、「たんぱく質＋野菜」をちょっとだけ意識して
2、３日で帳尻を合わせるようにしています。

ひと皿 炭水化物

ごはんの部

のせる だけ一例

ごまネギダレ

レシピは 49 ページ

火を使うことなく切って混ぜて軽く電子レンジで加熱するだけ。冷蔵庫で５日ほどもちます。

温かいごはんに混ぜたり、パスタやうどんのトッピングにしたり。冷や奴や納豆にかけたりと万能です。

肉そぼろはフライパンを使わずレンジ加熱で一発調理。肉に味がしみ込んだ状態でしっとり仕上がります。冷蔵で３日間保存可能、冷凍も可。オリーブオイル混ぜごはんはただ混ぜるだけ。ごはんにオイルをまぶすことで風味アップはもちろん、冷めてもしっとりつやつや状態をキープしてくれます。ごま油でも美味しい。

ひとりごはんの
基本形

ちょっとした
添え物

豆皿でちょっとしたおかずをそろえるときは味のバランスを考えます。ただ混ぜるだけで完成のしょうゆ味系の岩海苔かまぼこ。さっぱりとした味つけの切り干し大根とマヨネーズで炒めてコクをだしたちくわ磯辺の炒め。ごはんと交互にいただくのはお気に入りの食事スタイルです。

ちくわの磯辺炒め

レシピは64ページ

かまぼこの岩海苔和え

レシピは60ページ

切り干し大根の洋風炒め

レシピは62ページ

豆皿の楽しみ

家族ごはんのときは「洗い物が増える」という理由で敬遠していた豆皿。ひとり分ならば少しずつのせて、定食風の盛りつけも楽しめます。以前ならば、たいていいつも同じ大皿でドン！で終わりでしたが、色々な形のかわいいお皿と料理の組み合わせを考えることが心から楽しいと思うようになりました。

レシピは
63
ページ

ひじきのしょうが煮

レシピは
61
ページ

おひたし
柚子胡椒風味

レンチン炒り卵

レシピは
66
ページ

豆皿で複数の料理を用意するときは味のバランスに加え、全体の彩りのバランスも大事だと思うのです。おひたしは青菜の緑、ひじき煮は黒ににんじんの赤が少し、炒り卵は鮮やかな卵色。見た目の美しさは食べて美味しいにつながると思います。

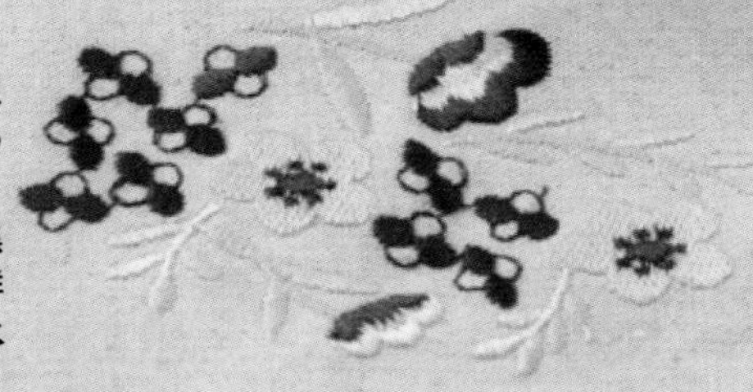

ひとりごはんの基本形

ちょっとした添え物

電子レンジでレタス和え

レシピは60ページ

劣化の早いレタスを使いきりたくて思いついた簡単惣菜。加熱でカサが減るのでレタスの消費に役立つだけでなく、焼肉のタレのしっかりした味で立派なおかずに昇格です。

甘辛油揚げ

レシピは65ページ

レンジ加熱で放置すれば自然に味がしみます。酢飯を詰める、刻んで混ぜごはん、そのままかけうどんにのせる、などあると便利な一品。

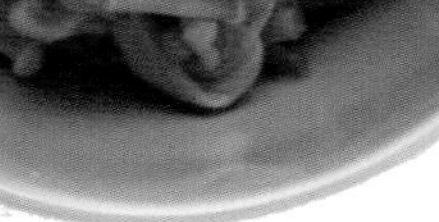

レシピは64ページ

しょうがなめたけ

えのきがあればすぐできるのでもう市販品を買うことがなくなりました。味つけのポイントは最後の酢。味を引き締めてくれるので減塩効果もあります。

春雨キムチ

レシピは63ページ

キムチを使えば味つけの迷いも失敗もなし！　味つけを思いつかないときにキムチは便利です。もやしやきのこなどをたっぷり入れるのもおすすめ。

レシピは
66
ページ

玉ねぎマリネ

紫玉ねぎを使うとかわいいピンク色に！　そのままでも、ソテーした肉や魚に漬け液ごとかければ南蛮漬け風にも。いつも冷蔵庫にストックしておく副菜です。

レシピは
68
ページ

きのこの電子レンジ包み蒸し

洗い物なしの簡単調理。きのこは３種類以上組み合わせると旨味が増します。

レシピは
68
ページ

ちぎりキャベツの中華漬け

鶏ガラスープの素でコクが出ます。余りがちな白菜でもＯＫ！　私は最近、サラダだとお腹が冷える気がして敬遠しがちですが、浅漬けならそんな心配も感じません。

レシピは
67
ページ

豆腐の麺つゆ煮

味つけは麺つゆにおまかせ。汁を吸った天かすが美味しい！　七味唐辛子をかけるのもおすすめ。

電子レンジで塩焼きそば

レシピは53ページ

電子レンジ調理で加熱と味つけが一度でOK。耐熱容器にあらかじめセットして冷蔵庫に入れておけばすぐに作れて満足感もあるお助け料理。

フードコンテナは、ひとりごはんの味方！

大中小と３種類をそろえています。調理用は大（約15㎝四方）をよく使います。耐熱ガラス製（左写真）だと見栄えがよいので、そのまま食卓に出せます。

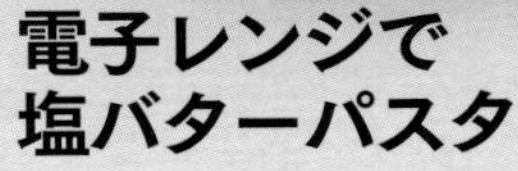

電子レンジで塩バターパスタ

レシピは53ページ

ひとり分だけ作るパスタの面倒をレンジ調理で解決。バターの味が麺にしみているのでこのまま食べてもシンプルに美味しく、たらこ、ツナ＆レモンを加えたりアレンジもたくさんあります。

レシピは
56
ページ

ブロッコリーチーズトースト

ゆでずに生のブロッコリーを使用。シャキシャキ食感がアクセントになります。ハムを足してもOK！

ひと皿炭水化物
パンの部

レシピは
57
ページ

ほうれん草卵トースト

ほうれん草で縁取った中央に卵を割り入れた、見た目もかわいいトースト。卵の加熱具合はその日の気分でどうぞ！

いつものおかずをのせてもいい

ひじき煮トースト

ひじきの塩気をチーズがまろやかに。煮物は意外にもパンに合うお惣菜です。

カレートースト

想像どおり美味しい！これ１枚で満足な食事系トースト。汁気の少ないカレーを使うのがポイント。

レシピは
77
ページ

電子レンジキーマカレー

レンジで作る時短カレー。炒めて煮込む手間をカット。汁が少なめなのでパンにのせてもOK！　具はれんこんや大根など根菜を使ったりアレンジも自在で、味はその日の気分で後からタバスコをかけて辛めにすることもあります。

ちょっとだけのみじん切りなら

ひとり分料理で意外と面倒なのが、玉ねぎやしょうがの少量みじん切り。ひもを数回引くだけで OK なので、涙ナシでできます。

レシピは
78
ページ

電子レンジおでん

大根にもちゃんと味がしみます。少量で作れるのも嬉しい。もち巾着やこんにゃくなどお好きな具の追加も OK。私はたっぷりの辛子でいただきます。

フードコンテナ料理なら
加熱と味つけが同時に完成

レシピは
79
ページ

電子レンジ回鍋肉（ホイコーロー）

キャベツとピーマンは手でちぎって豪快に！包丁で切るより味がよくからみます。ごはんがすすむおかずが簡単にできるのでヘビロテの一品です。

ゆで野菜のマリネ

レシピは90ページ

大物野菜の消費リレー

キャベツでも白菜でも大物野菜の一部は必ずこれにします。そのままでも、生やゆで野菜に調味液ごとかけてドレッシング代わりにもなります。

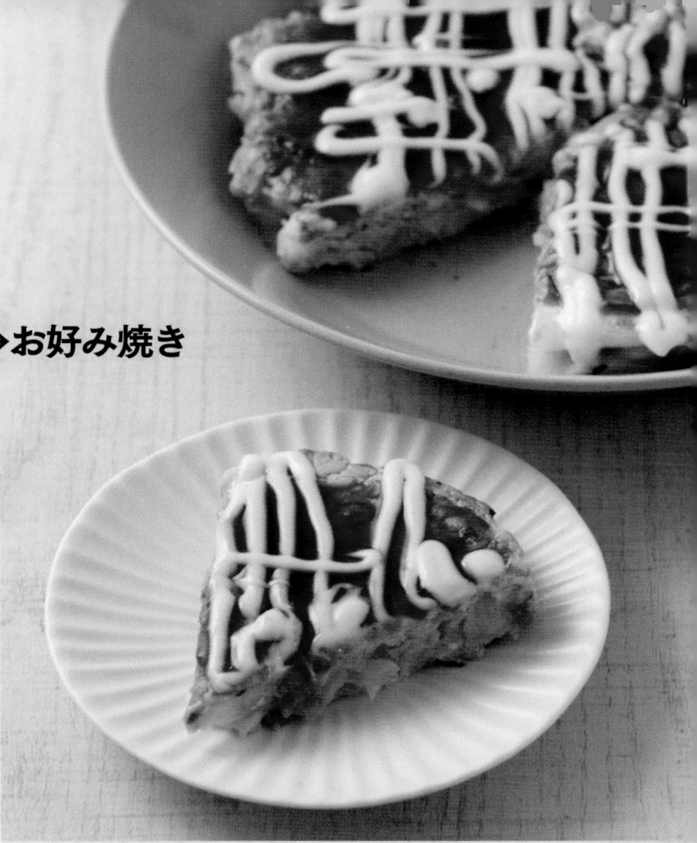

レシピは
91
ページ

ゆでキャベツ→お好み焼き

ゆでキャベツを使うことで火の通りも早く、生地にかつお節をそのまま入れることでだしいらずの簡単なお好み焼きです。ソースとマヨネーズをたっぷりかけて！

レシピは
90
ページ

ゆで白菜→中華丼

肉と野菜が一緒に摂れる栄養満点の丼。「きのこマシマシ」で作るのが好きです。食べる途中で辛子や酢を加えて味変もありです。

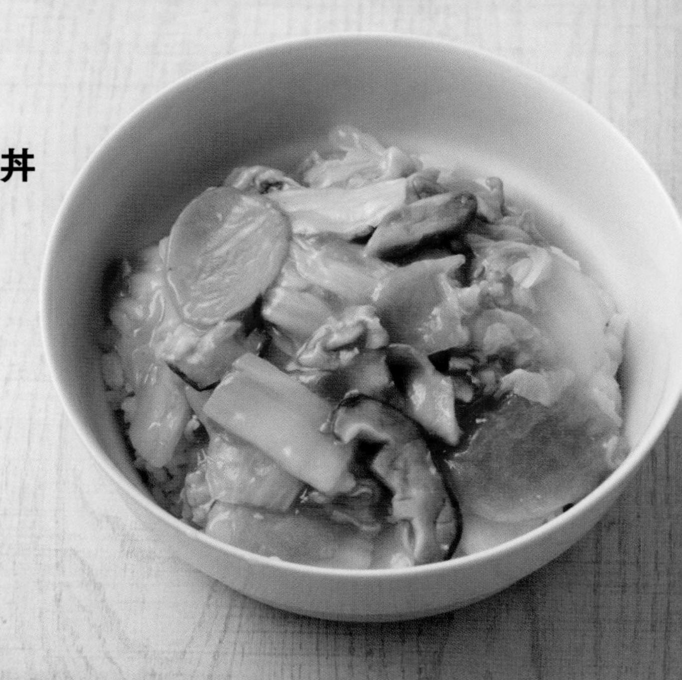

包丁とまな板を
使わなくてもできます

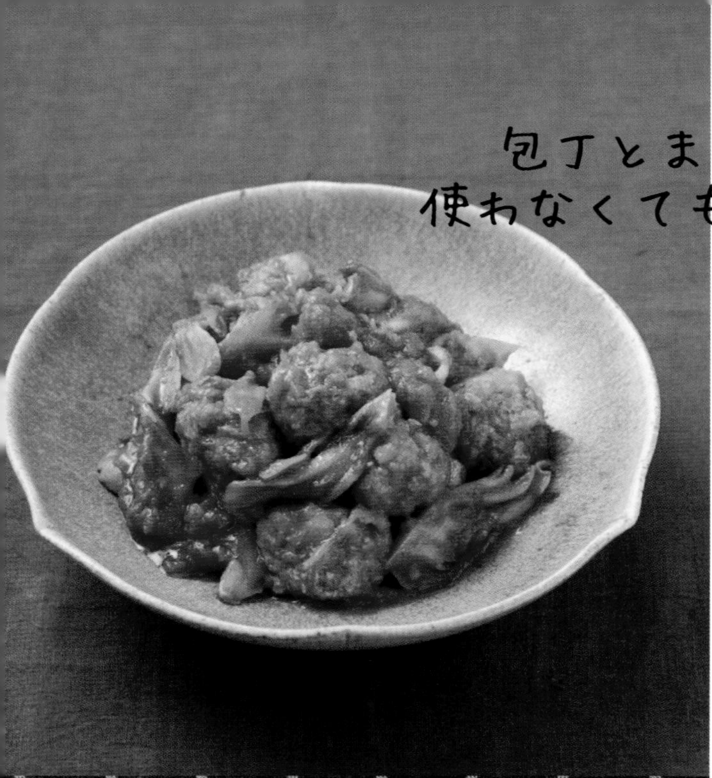

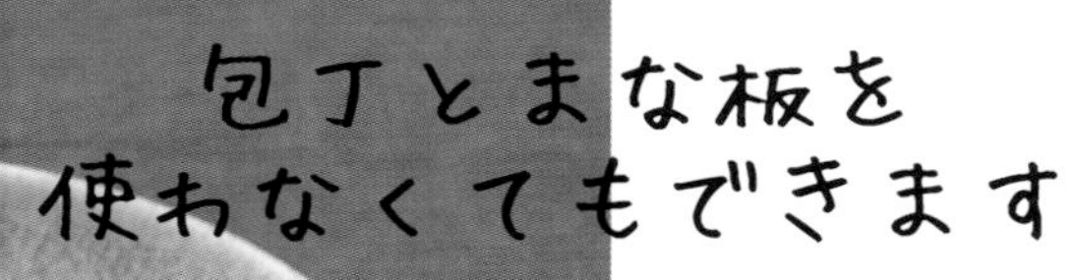

レシピは **112** ページ

包丁とまな板を使わないミートボール

たくさん作って冷凍しておきます。野菜やきのこを何種類か加えてボリュームアップしたり、チーズをのせて加熱したり、カレールーを加えてトマトカレーにアレンジもします。

レシピは **113** ページ

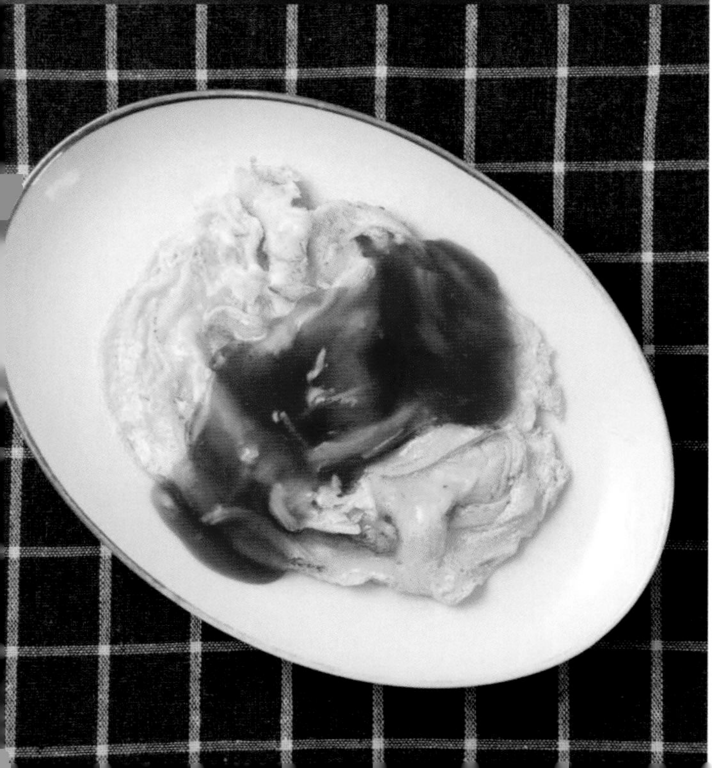

かに玉

簡単材料だけでごはんがすすむおかずに変身。ごはんの上にのせてあんをかければ天津飯に！

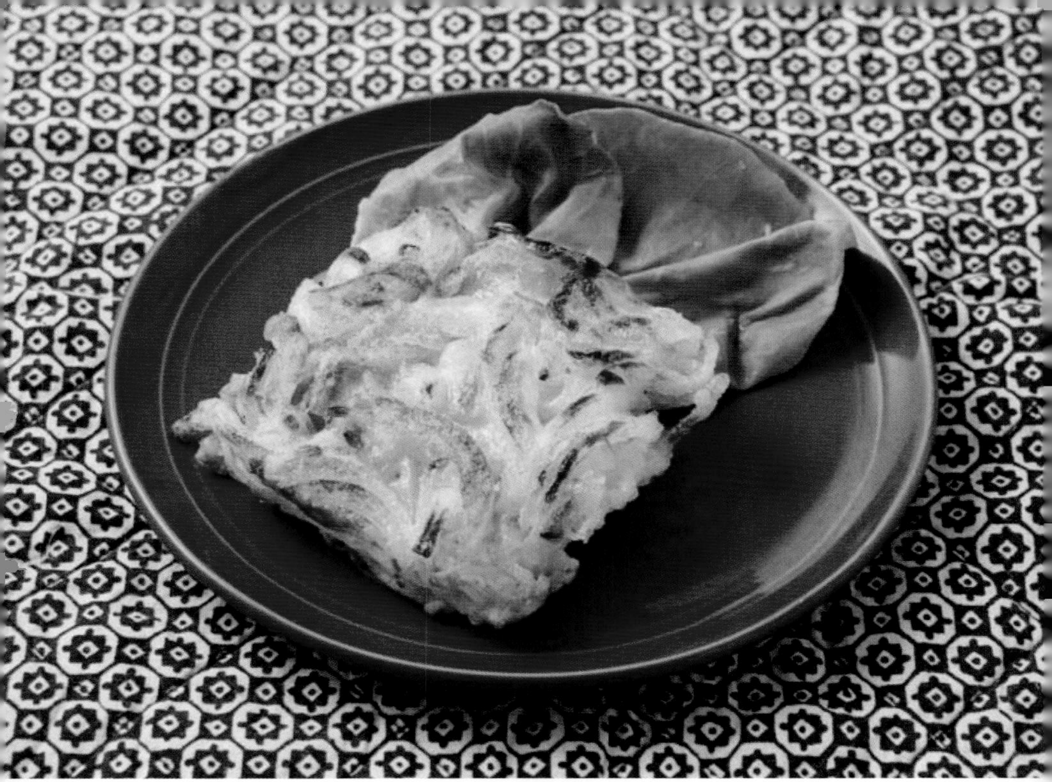

ひとり分でも簡単にできる揚げ物

レシピは117ページ

ひとり分かき揚げ

1個だけ欲しいときに便利な作り方。使う油が少量なので片づけもキッチンペーパーだけで簡単に！　少し寂しいかけうどんでも、これをのせれば豪華な天ぷらうどんです。

小サイズの卵焼き器は重宝します

息子のお弁当作りのときから魚の切り身がひと切れ焼ける程度の小さい卵焼き器を愛用。炒め物のみならず、少量の揚げ物にも使える優れもの。中までじっくり火を通したいときはアルミホイルをかぶせて弱火調理で。

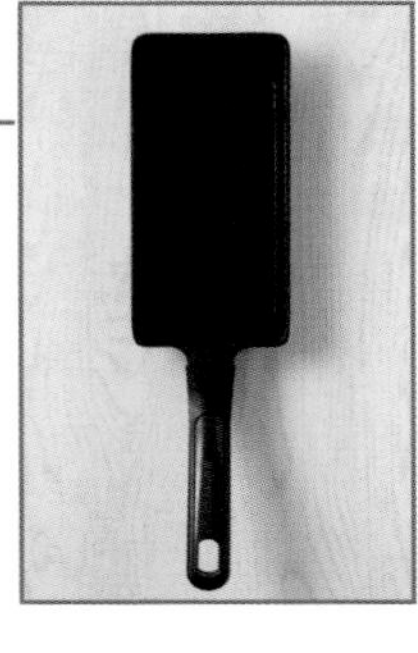

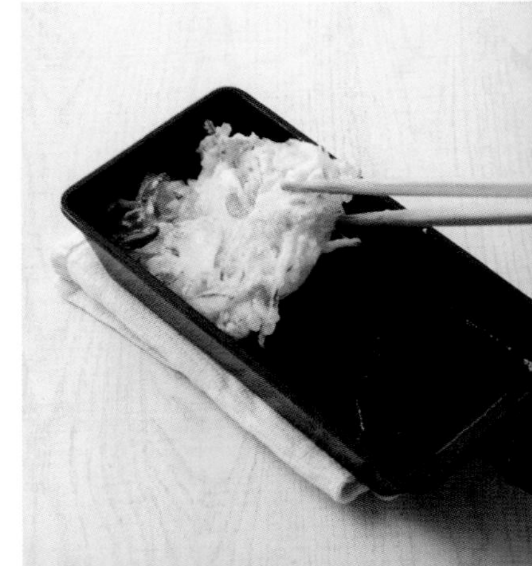

野菜とたんぱく質が一緒に摂れる具だくさん汁物

レシピは122ページ

豚汁

2、3回に分けて食べられる量を作ります。肉と野菜をたっぷり入れて具だくさんにして「食べる汁物」と考えます。疲れたときはこれだけでも満足！　コチュジャンを溶いてチゲ鍋風にアレンジしたり、うどんを入れれば主食にも。カレールーを足せば和風カレーに早変わり！

きのこの湯豆腐

口あたりが優しく体の奥から温まるほっこり惣菜。季節を問わず、自分の胃腸をいたわりたいときに作ります。しょうがをたっぷり添えるのが好きです。

胃に優しいものが嬉しい

レシピは
131
ページ

明太子豆腐雑炊

薄味すぎる雑炊よりもしっかりめの味つけが好きです。これは明太子と刻んだえのきの食感を楽しめる少しピリ辛な雑炊。最後に卵を溶いて入れればまろやかになります。

ひとりでゆっくり楽しみたい夜は、おうち居酒屋の開店です！まずは定番の「焼き鳥」そしてお店では必ず頼む「ポテサラ」を用意します。焼き鳥はタレを別に作れば、タレ味と塩味の両方がお好みで味わえます。ポテサラもカレー味や塩辛を加えたりと、気分によって変幻自在。帰り支度のいらない気軽さは宅飲みならではですが、食べすぎ飲みすぎはご注意です。

レシピは
145
ページ

れんこんピザ

小麦粉を使わずれんこんが生地代わりのヘルシーなピザで罪悪感ゼロ。野菜がたっぷり摂れるので体にも優しいピザです。チーズの上にピーマンの輪切りをのせて見栄えもアップ。ソファでNetflixを観ながらビールと一緒につまむのに最適です。

外食のボリューム・濃い味・油っぽさが厳しくなりました

レシピは
144
ページ

さっぱり おうちラーメン

家で作るラーメンは具材もシンプル、優しい油少なめのさっぱり味です。その日の気分でラー油やにんにくを加えたり、ちょうどいい味にできるのが嬉しい。

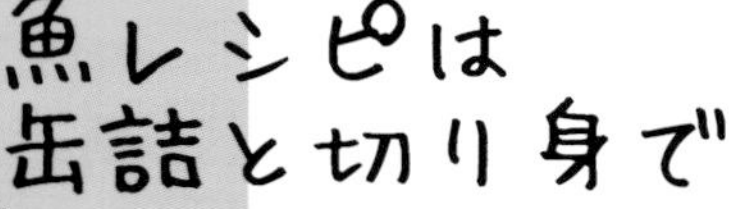

イワシ缶詰ハンバーグ

イワシは缶詰を使用してお手軽に！　つなぎは鶏ひき肉だけでOK。ネギなど野菜を加えたくなりますが、余分な具材を追加するとタネがまとまらなくなるのでご注意ください。

鮭とブロッコリーのバタポンソテー

バター・マヨネーズ・ポン酢しょうゆが同量の覚えやすいレシピ。レシピを確認せずに作れる料理は助かります。魚は切り身ならなんでもOK。野菜はキャベツなど、きのこも合います。

自家製調味料4種

レシピは169ページ

即席コチュジャン

柚子味噌

玉ねぎ麹

具だくさんラー油

作っておくと助かる自家製調味料。味変にも使えるのでいつもの味に食べ飽きた時に便利！

甘いものはマスト

口の中で月餅

難しい作り方をしなくても、塩気があるクラッカーであんこディップを挟めば「口の中で月餅」の完成。お手軽にどうぞ！

ヨーグルトティラミス

ヨーグルトを使うことでさっぱりとヘルシーに！試作の結果、スポンジは蒸しパンがいちばんしっとり美味しくできました。普通のヨーグルトを使う場合はしっかり水切りしてください。

たまには手間をかけて

基本は、少量・手抜きのひとりごはんですが、ときどき無性にきちんとした料理が作りたくなり、夜もふけてから玉ねぎを炒め始めることもあります。

あめ色玉ねぎさえできれば、あとはトマト缶と肉を加えて煮込むだけ。

スパイスカレー

調理時間
25分

材料

- 手羽元…4本
- 玉ねぎ…1/2個(みじん切り)
- サラダ油…大さじ1
- クミンシード(あれば)…小さじ1/2
- マスタードシード(あれば)…小さじ1/2
- にんにく(みじん切り)…小さじ2
- しょうが(みじん切り)…小さじ2
- カレー粉…大さじ1/2
- トマト缶(ホール)…1缶
- 塩…小さじ1〜
- しょうゆ…大さじ1
- ハチミツ…大さじ1
- バター…大さじ1

＊手羽元下味

- ヨーグルト(無糖)…大さじ1
- ケチャップ…大さじ1/2
- カレー粉…大さじ1/2

作り方

1 手羽元の骨に沿って包丁で2か所縦に切り込みを入れ、ポリ袋に入れて、ヨーグルト・ケチャップ・カレー粉を合わせて軽くもみ冷蔵庫で30分ほどなじませる。

2 フライパンにサラダ油とクミンシード・マスタードシード・にんにく・しょうがを入れて中火で加熱。

3 香りがたったら玉ねぎを入れてあめ色になるまで炒め、カレー粉を加えてひと混ぜして香りを出す。

4 トマト缶・下味のついた手羽元(下味の調味液ごと)・塩を加えて蓋をする。

5 沸騰したら弱火にして10分煮込み、蓋を取りしょうゆ・ハチミツ・バターを加えて混ぜる。

50歳からのひとりごはん

少量・手抜き料理で生きていく！

目次

※本書のレシピは、但し書きがない限り、1人分です。

※電子レンジの加熱時間は600Wの場合です。

ひとりごはんの基本形　ちょっとした添え物　58

50歳からのひとりごはん
心の声と私の提案

問題その2　モチベーションが上がらない　102

問題その3

体をいたわりたい 124

はじめに

私はもともと料理が得意でも好きでもありません。
しかし、今まで家族のために、というか子供の成長のために、どうにか「人に食べさせるごはん」を作ってきました。
また、ひょんなことから飲食業を始め、その傍ら料理教室をかれこれ一五年ほど開催してきました。
繰り返しますが、今でも料理が得意でも大好きでもありません。
でも、だからこそ「できない立場」「それほど好きじゃない立場」から見つけた知恵やレシピは少なからず反響を呼び、おかげで世の中にたくさんの「料理が好きじゃないけど作っている」同志がいることもわかりました。
この体験から、二〇一八年に『料理が苦痛だ』という本を出しました。
実は多くの人が感じている「料理がしんどい」という思いは、料理を通じてたくさんの生徒さんとふれ合ってきた私だからこそ言葉にして発信すべきだと確信したからです。その後も何冊かの書籍を通じ、毎日のごはん作りの現場に立つ人たちと共感し合いながら、様々な苦痛をやり過ごす知恵や方法をお伝えしてきました。

そして時は流れ、私のプライベートのごはん作りに変化が起こりました。息子が高校を卒業したことでお弁当作りが終わり、さらに大学に入学したタイミングで、私も「家族のために作るごはん」を卒業したのです。

実に二〇年ぶりに夫婦二人の生活となりましたが、夫はほとんど家でごはんを食べないので、実質ひとりで食べる「自分のためのごはん」作りの環境へと変わったのです。

「自分が食べたいものを、食べたいときに食べればいい」

そう思ったとき、世界の中心で叫びたいくらいの解放感を味わいました。

誰にも追い立てられず、時間も気にせず、何の責任も負わず、自分の腹具合でいつ何を食べようが構わないという自由。

激辛カレーや山盛りパクチーのエスニック料理も、食べたいときに食べられます。夜ごはんのおかずが納豆だけでも、ビールと柿ピーで済ませても構わないのです。

また、食材の管理もグッと楽になりました。

たとえば、自分へのご褒美用に冷蔵庫で冷やしておいたプリンが食べられてしまうことも、飲もうと思った麦茶のポットが、ほとんどカラのまま残されていることもありません。つまり、冷蔵庫の中の食材をすべて自分の管理下に置き、誰にも荒らされない平和が訪れました。何が残っていて何が足りないのかを把握できているので、突然思い立って料理するときや買い出しのときもいちいち冷蔵庫を確認しなくていいのです。

ちょうど、ひとり暮らしを始めたときの感覚がよみがえりました。

しかし、こうして気ままな食生活を送りつつも、次第にそこはかとない寂しさと虚(むな)しさ、そして後ろめたさを感じるようにもなりました。

自由気ままな食生活は、料理を作るきっかけとモチベーションを見失い、乱れる一方でした。

自分ひとりのためにわざわざ用意するのは面倒くさいし、多少の空腹はつまみ食いで我慢してしまうようになったのです。

こんな生活では痩せてしまうのではないか！とあらぬ妄想を抱きましたが、食生活が乱れると間違いなく太ります。そしてメンタルは罪悪感と背徳感で常にモヤモヤしています。
仕事としてきちんと作る料理の反動で、ふだんのごはん作りは一層おざなりになっていきました。

「いつもこんなにおしゃれで美味しいごはんを作っていてすごいです」
料理教室ではたとえ社交辞令でもそう言っていただくことが多く、そのたびに違う違う！と心の中で絶叫していました。
「自分のごはんなんて適当ですよ」と口にしても、人様は信じてくれません。
「またまたご謙遜を！」と言われて、いちいち否定するのも面倒になりました。

そんな食の二極化は二、三年続きました。
まがりなりにも料理を仕事にし、料理教室では「栄養バランス」や「野菜をたっぷり」などエラソーに口にしていた自分が！です。
人間、責任感がなくなるとこうも堕落するのか、とリアルに体験しました。
そんな中、ときおり芽生える問題意識から自分の未来を想像してみました。

自分で気をつけない限り、自分のごはんは変わらない。他人から注意されることがなくなっていくのが、歳をとるということです。

ただ、間違いなく人間の体は食べたもので作られています。

そしてこれから先も、できれば心身とも健やかに生き抜きたいと思っています。

次第に「自分の未来のための食事」を意識し、「自分を食べさせていくこと」に取り組もうという思いが大きくなりました。

では、どうしましょう。どうやって自分を食べさせていきましょう？

同じような年代、環境の人はいったいどうやっているのか？と外に目を向けてみて、打ちのめされたのです。

インスタグラムや雑誌の「手間暇をかけたていねいな暮らし」や「健康を意識した手作り生活」ばかりが目に入り、そのおしゃれすぎる暮らしぶりやマメさに圧倒されました。

そんな生活に強く憧れ、生まれ変わったら絶対にそんなことができる人間になりたいと思いますが、私には無理です。というか、そもそもできないし続かない。

たとえ見よう見まねで挑戦してみても、結局くたびれて終わりです。筍（たけのこ）のアク抜きに疲れカップ麺をすすり、栗の渋皮をむいて荒れた指先に気持ちが萎え、漬けた梅干しも梅酒も結局消費できません。

大量にゆでたあずきは食べきれずに、もう二年ごしで冷凍庫の奥に眠っています。もったいないし食べきれないからと、自分が作ったものをよそ様におすそ分けするのも考えものだと思うようになりました。

実際に友達から「いつも煮物を持ってきてくれる知り合いがいるけど、実は食べきれなくて断れずに困っている」と聞いて、ハッとしたのです。

そうです。ひとりが食べる分量なんてたかが知れているのです。

残念ながら、「作った量と実際に食べられる量」「作ってみたい気持ちと実際の食欲」は比例しません。

同じものを延々食べ続けることは食の自由さを奪い、冷凍庫の中の残り物を見てはため息をもらすことになります。

そこでたくさんの後悔を経て、「手仕事は気が向いたときだけ・自分がすぐに食べきれる分だけ」と決めました。

味噌に関しては、よほど気が向いたときだけ手作りしますが、基本「ちょっといい味噌」を色々と買って楽しんでいます。

おしゃれ気分にそそのかされて作るジャムも、そもそも基本的に私はパン食ではないので、作った後でほとんど食べないことに気づきます。

限りある時間と衰えていく消化能力を考えたら、食べきれない食材の保存や消費に追われるのは本当にバカげていると気づきました。

作りすぎない、ため込みすぎない。

美味しいものを、食べたいときに、ちょうどいい量だけいただく。

それこそが大人世代の最高の贅沢だと思うのです。

そして年を重ねるにつけ、行動パターンも変わりました。

若いころは「面倒だから外食で済ませよう」が、最近は「外食に出かけるのが面倒」になりました。外食好きの私が今ではほとんど家で食べるようになった理由は、「面倒くさい」気持ちと「外食のメニューにちょうどいいものがない」からです。

このように、「家で作る自分のためのごはん」が自分にとって大切なことになりましたが、同時に「面倒に思うこと」は料理に限らず年々驚くほど増えてきました。人間関係や感情の起伏、日常の身支度から家事全般まで。中でも生きていくには避けられない「料理」は、「面倒くさい」が満載です。

しかし幸いにも、私たちには長年それなりに料理をしてきた経験とスキルがあります。細かいことをいちいち説明されなくても、なんとなく作れる経験値があります。

食べやすい大きさとは何センチ四方なのか、塩少々とはどのくらいなのか……。そういうことは示されなくてもだいたいわかります。素晴らしき「適当力」がついています。

「私なんて我流で……」と皆さん謙遜なさいますが、自分ひとりで作る料理は全人類もれなく我流です。そもそも、料理は我流＆マンネリでよくて、レパートリーすらそれほど必要ではありません。

一度に食べられる食事の量も減ってくるので、その日の腹具合、そして気分と相談して「ちょうどよく」作って食べましょう。

ひとりごはんの基本形
最低、これでいいと開き直る

そもそも三食をしっかり食べなくてもよくないですか？
一度に食べられる食事の量が減ってくる年頃なので、その日の腹具合、そして気分と相談して「ちょうどよく」作って食べましょう。
また、栄養面でも「今日明日」で帳尻が合えばいいと思っています。
もちろん「たんぱく質＋野菜」が大切なのはわかっていますが、三食すべてそうでなくても今は自分を許すようにしています。
たとえば、昨日食べすぎたから今日は炭水化物を控えめで、とか。今日は友達と一緒に中華を山盛り食べたので明日はサラダとスープ中心で、とか。
また逆に、最近納豆ごはんやお茶漬け続きだから、足りない肉や魚は積極的に外食で補おう！という具合です。
その都度、「こんなもんで上出来」とゆるくバランスをとりましょう。
そうです、我々は今までなんとか辻褄を合わせて生きてきたではないですか！

ひとりごはんの基本形
最低、これでいいと開き直る

まず初めにひとりごはんの基本形を提案します。
それは「ひと皿炭水化物」で済ませる、です。
これは家族のために作るごはんから解放された私が、自分のやる気とできることの折り合いをつけながらたどり着いた結論です。

もちろん健康を考えれば一汁三菜などが好ましいのですが、三食毎回は無理です。
基本は「ひと皿炭水化物」。そしてやる気があったら「添え物」を足していく。
このゆるすぎるスタンスこそ持続の秘訣(ひけつ)であり、自分を責めずに心穏やかに食べていくための決まりごととしました。

そもそも、ごはん作りを「おかずの組み合わせ」から考え始めるとどうしても面倒になります。そこでいつでも家にある「米」「麺」「パン」などの炭水化物をメインにして、後はその日の気分で足していけばいいと考えるとだいぶ楽になります。
炭水化物はダイエットや糖質過多を気にする場合は敬遠されがちですが、それでもスナック菓子などで済ませてしまうよりいいと思います。

ですから、気力がないときは「ひと皿炭水化物」を自分に許し、その後の食事でバランスをとっていくやり方を採用しています。

でも、そんなものでいいのだろうか?と不安になりますよね。なにしろ外に目を向けると皆さんちゃんとしているように感じますから。

しかし、安心してください。私の経験からいって、「人は普段たいしたものを食べていません」。言葉は適当ではないかもしれませんが、これが料理教室の生徒さんでもある一万数千人の主婦(主夫)と自分自身を観察してきた実感です。

実際に料理教室の生徒さんに、「ひとりごはんをどうしていますか?」とお聞きすることがあります。同世代の生徒さんが多いこともあり、皆さん私と同じような悩みを抱えているのでは、という興味からです。

しかし、不思議なことに一様に最初は口ごもります。

そして意を決したように口を開き、遠慮がちに「たいてい、余りものをごはんにのっけて食べているんです」「人には見せられないくらい適当です」「残ったものを食べ続けて、自分の味に飽きました」などとおっしゃるのです。

ひとりごはんの基本形

最低、これでいいと開き直る

ひとりが口を開くと堰を切ったようにみなさん同調して続きます。現実を目の当たりにして、私はますます「まずはひと皿炭水化物」というひとりごはんの基本パターンを確信したのです。

ですから、ついつい目にしてしまう他人の「映えごはん」を気にする必要はありません。

また、主菜・副菜に汁物を揃えた「栄養バランスがとれたごはん」は素晴らしく思えますが、考えたり作ったりするのに疲れているなら、できる範囲の「休憩ごはん」でちょっと自分を休ませましょう。

健康を意識する気持ちを失わず、無理せずに数日間でバランスをとって食べ合わせていけばいいのです。

もちろん毎食「ひと皿炭水化物」が続くわけではありません。少し余裕があれば簡単な添え物を用意したり、突然やる気がみなぎってとんでもなく手の込んだものを自分のためだけに作ることだってあるでしょう。その時の気分で自由に楽しむ余裕をもちましょう。そうすれば足りない野菜や海藻類などを少し補うこともできます。

そして、そんなときは堂々とSNSに投稿してもいいかもしれません。やはり時には人から褒められると嬉しいものですから。

ちなみに私が「ひと皿炭水化物」で済ませがちなのは、仕事終わりで疲れているけど腹ペコなとき、日が暮れてしまい買い出しのタイミングを逸してしまったけど何かお腹に入れたいときなどです。

また、炭水化物と合わせて汁物が欲しくなるときもあります。これはごはんに限ったことではなく、パスタやパンに汁物を添えれば満足感が増し、栄養バランスが整います。

私は、簡単にお湯を注ぐだけの汁物を添えたり、残り物の味噌汁を温めなおしたりします。そうすれば不足している野菜や海藻類を少し補うこともできます。

この汁物については後述していますので参考にしてみてください（簡単汁物は六九ページ・味噌汁のアレンジ例は八四〜八五ページ）。

さて、これから大切なのは、常に映えるごはんでマウントをとることでも、一汁三菜を自分に課すことでも、食べきれないほどの「自家製」を作りまくることでもありません。

まずは自分で美味しく食べきることができる量の「食材の準備」と「少量調理」、そして飽きずに食べ続けられる「味つけの知恵」、さらに「作ったものを無駄にしない方法」など、今までとはちょっと違う視点に立って「自分を食べさせて」いきましょう。

くれぐれも無理と無駄は禁物です。

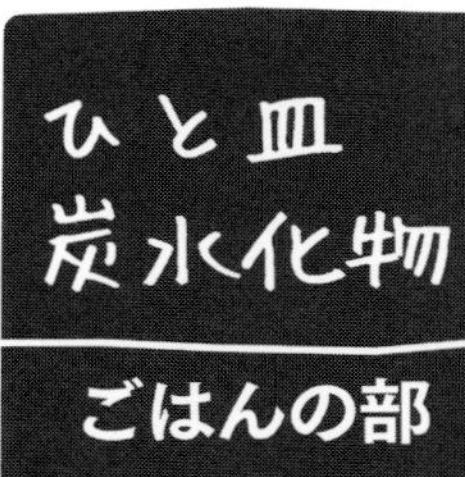

家族のためにごはんを作り続けていた日々、食事の基本は「米」でした。それは五〇代に入りひとりごはんが中心になっても同様で、やはり「米」は最大の味方です。

なぜなら、買い物に行かなくても家にある主食だからです。

さらにこの歳になるとやっぱり「白米」がホッとします。ＤＮＡには逆らえません。

そして腹持ちがいいのも魅力です。

しかしその米についても、今は基本がひとり分になったことで一度に炊く分量がグッと減りました。今では炊飯器は使わずに、一合を小さなお鍋で炊いています。時間の余裕があればなるべく炊きたてのごはんを美味しく食べたいと思い、面倒でもこまめに炊飯するようになりました。

「白米」をしっかり味わっていただきたいという思いが強くなったのです。

ひとりごはんの基本形

ひと皿炭水化物　ごはんの部

しかし、毎回ひとりで一合は食べきれないので、一日一回一合を炊いてその日に食べきるか、または余ったごはんはおにぎりにしたり、冷凍保存して小腹が空いたときのごはん予備軍としてストックしておきます。

様々な料理の責任から解放されたこともあり、最近はちょっといいお米を買ったり取り寄せたりしています。

時には雑穀米を混ぜて炊くこともあります。研いだ白米にただ雑穀を混ぜるだけでいいので、手軽なわりに栄養価がちょっとアップするという利点があります。

このように「お米そのもの」を楽しむ余裕が生まれました。

四八～四九ページでご紹介する「ごはんにちょい足しレシピ」は、炊いた米にのっけたり混ぜたりする簡単なレシピです。

「ただの混ぜごはんだけで一食にするの？」と思うかもしれませんが、私は「海苔（のり）」と一緒にいただくことが多いです。もみ海苔をちらしたり、味つけ海苔ならば箸で一口分ずつ巻いていただきます。

よく考えたらこれは「にぎらないおにぎり」の究極スタイルですよね。そう考えると一食くらいこれで済ませるのは大いに「あり」だと思うのです。

のせる or 混ぜる。ごはんにちょい足しレシピ

■ 48 ～ 49 ページのレシピは、ごはん茶碗（ちゃわん）1 杯分です。

のせる　電子レンジ肉そぼろ

調理時間
5 分

材料

● ひき肉（豚または鶏）…50g
● しょうゆ・酒・みりん…各大さじ 1

作り方

耐熱容器に材料をすべて入れて混ぜ、軽くラップをして電子レンジで 3 分30秒加熱したら取り出してよく混ぜる。

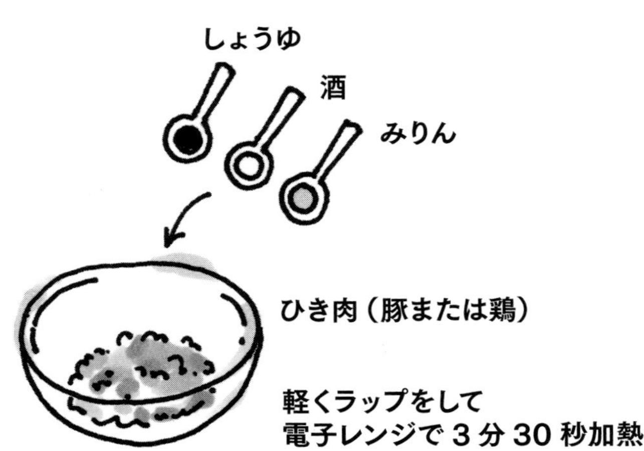

のせる　ごまネギダレ

調理時間
3分

材料

- 長ネギ…5㎝分(みじん切り)
- ごま油…小さじ1
- 塩…ふたつまみ
- 白いりごま…適量

作り方

耐熱容器に材料をすべて入れて混ぜ、軽くラップをして電子レンジで1分30秒加熱したら取り出してよく混ぜる。

混ぜる　オリーブオイル混ぜごはん

調理時間
1分

材料

- 温かいごはん…茶碗1杯分
- オリーブオイル…小さじ2
- じゃこ、かつお節など…適量

作り方

ごはんにオリーブオイルとじゃこやかつお節などを加えてお好みで混ぜる。

ひと皿炭水化物
麺の部

ひとりで済ませるお昼ごはんは、麺の登場率が高い私です。
冷凍庫には必ず冷凍うどんがあり、パスタや素麺（そうめん）などの乾麺も常備してあります。このようにひとことで「麺」といっても実際はたくさんバリエーションがあるので食べ飽きることがないのです。

しかし、麺を鍋でゆで、同時にソースやタレや具を用意している間にキッチンは洗い物の戦場と化します。キッチンタイマーの音に急（せ）かされ、鍋の湯気が顔面を直撃し、こちらも鬼の形相です。

そんなとき、昔家族から「簡単に素麺でいいよ」と言われて心底腹が立ったことを懐かしく思い出します。そうです、麺類は簡単なようで簡単ではありません。

たしかに麺はパパッと手軽に食べられますが、たとえば素麺や冷やし中華などの具やタレを用意するのには想像以上に手間と時間がかかります。

また、〝人形は顔がいのち〟ですが、麺は〝できたてがいのち〟です。

家族がいるときは「のびちゃうからすぐに食べて！」とイライラしていた自分がいました。なぜでしょう？　パスタがゆであがったときや素麺を盛りつけたときに限って、宅配便が届いたり、「一本だけメール返信してから行く」などとすぐに家族が食卓には集まらない謎。そのうえ苦労して用意したのに、食べるのは一瞬です。

しかし、少量の麺なら短時間の電子レンジ加熱で調理できます。冷凍うどんもパスタも焼きそばも、鍋やフライパンを使う必要もなく、火力も使わず自分が食べる分をボタンひとつで簡単に作ることができるのです。

レンジにセットしたらソファでテレビを見ている間に完成！　ぜひできたての一番美味しい状態をズルーッと盛大にすすっていただきましょう。

ひとり生活は美味しい麺生活。そんな小さな幸せを目いっぱい感じるはずです。

電子レンジで
できたて麺

電子レンジで焼きうどん

調理時間
8分

材料

- 冷凍うどん…1袋
- 豚ひき肉…50g
- ニラ…3本（3㎝くらいに切る）
- にんじん…3㎝分（細切り）

＊タレ

- 麺つゆ（3倍濃縮）…大さじ2
- ごま油…小さじ1

作り方

1　耐熱容器に冷凍うどんを入れてから豚ひき肉・ニラ・にんじんを重ね、タレをかける。

2　軽くラップをして電子レンジで5分加熱し、全体をよく混ぜる。

豚ひき肉　ニラ　にんじん

＋　＋

食べやすく切る

冷凍うどん

麺つゆ　ごま油

x2 ＋

調味料を加え
軽くラップをして
電子レンジで
5分加熱

電子レンジで塩焼きそば

調理時間 5分

材料

●焼きそば…１袋（袋の上からもんでほぐしておく）
●キャベツ…２枚程度（食べやすい大きさにちぎる）
●ウィンナー…２本（斜め切り）

＊調味料

●鶏ガラスープの素…大さじ１
●オイスターソース…大さじ1/2
●ごま油…大さじ1/2
●こしょう…少々

作り方

1　耐熱容器に焼きそばの麺を入れ、キャベツ、ウィンナーをのせ、調味料をかけて軽くラップをし、電子レンジで３分加熱。

2　取り出してよく混ぜる

キャベツ
ちぎる
＋
ウインナー
食べやすく
切る

鶏ガラ
スープの素
＋
オイスター
ソース
＋
ごま油
＋
こしょう

軽くラップをして
電子レンジで
３分加熱

電子レンジで塩バターパスタ

調理時間 12分

材料

●スパゲッティ
（乾麺・７分ゆでを使用）…80g
●コンソメ…小さじ１
●バター…大さじ１
●塩…ひとつまみ
●水…250mℓ

作り方

1　耐熱容器に材料をすべて入れ、軽くラップをして電子レンジで10分加熱。

2　取り出して全体をよく混ぜる。
＊スパゲッティの加熱時間は表示のゆで時間に３分を追加する。
のびやすいので７分ゆでより時間が長いものを推奨。

コンソメ　＋　バター　＋　水

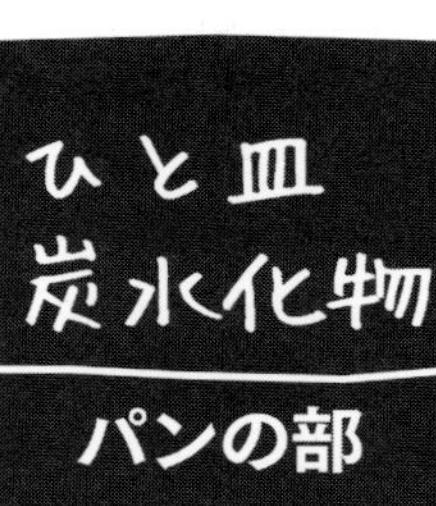

ひと皿炭水化物 パンの部

なにしろすぐ食べられるパンは手軽です。食パンやバゲットは切ってから一枚ずつラップで包み、冷凍庫に保存しておきます。食べたいときにトースターで焼けば、買ってきたときの柔らかさと焼きたての香ばしさが味わえるので、常備食でもあり非常食でもあります。

私の周りでも、お腹が空いたときにすぐに手軽に食べられるパン食に走ってしまう人は多いのですが、甘いパンや食パンにジャムやバターを塗っただけでは栄養バランスばかりか糖質やカロリーも気になります。
だからといって、具材を挟んで作るサンドイッチは地味に面倒です。
子供の遠足でもなければ自分ひとりのために作る気持ちにはなりません。
そこで食パンにただ「のっけて」焼くスタイルはどうでしょう。「オープンサンド」

をイメージしていただくとわかりやすいのですが、ここではシンプルに食材をパンにのっけて焼くだけの「のっけトースト」と命名してみます。野菜と炭水化物の両方を摂ることを意識して、食材をのっけてトーストすれば即完成です。

また「のっける食材」の提案として、ごはんのおかずもおすすめなのです。

意外かもしれませんが、ごはんのおかずは結構何でもパンに合います。ごはんのときに余ったおかずを流用できるので、同じおかずでごはんとパンの二度楽しめます。

煮物、炒め物、和え物など何でも合わせてみれば、パンを使った「おかずのっけトースト」の完成です。

作り方の基本は、マヨネーズを塗ったパンの上に水気を切ったおかずをのせ、その上に溶けるチーズをのせてトーストするだけです。

ごはん食と異なり、ちょっと目先が変わるので食べ飽きないのはもちろん、きんぴらやひじき煮などはマヨネーズやチーズとも合うので、意外な美味しさに驚くはずです。

ボロボロこぼれて食べにくいですが、ひとりで食べるときは大口を開けてどうぞ！

のっけトースト

食パン１枚分。分量はお好みで。

ブロッコリーチーズトースト

調理時間 5分

材料

- 食パン…１枚
- ブロッコリー…蕾（つぼみ）の部分2、3個（3㎜くらいにスライス）
- ツナ（缶詰）…大さじ２
- マヨネーズ…大さじ１
- 溶けるチーズ…適量

作り方

食パンにマヨネーズをぬりブロッコリーとツナをのせて、溶けるチーズをのせてトーストする。

しらす海苔ネギトースト

調理時間 5分

材料

- 食パン…１枚
- しらす…大さじ１
- 長ネギ…2㎝分（みじん切り）
- 味噌…大さじ 1/2
- マヨネーズ…大さじ１
- もみ海苔…適量

作り方

味噌・しらす・長ネギ・マヨネーズを混ぜてから食パンにぬり焼き目がつくまでトーストして、お好みで海苔をちらす。

ハムキャベツカレートースト

調理時間
5分

材料

- 食パン…1枚
- キャベツ…1枚(千切り)
- マヨネーズ…大さじ1
- カレー粉…少々
- ハム…1、2枚
- 溶けるチーズ…適量

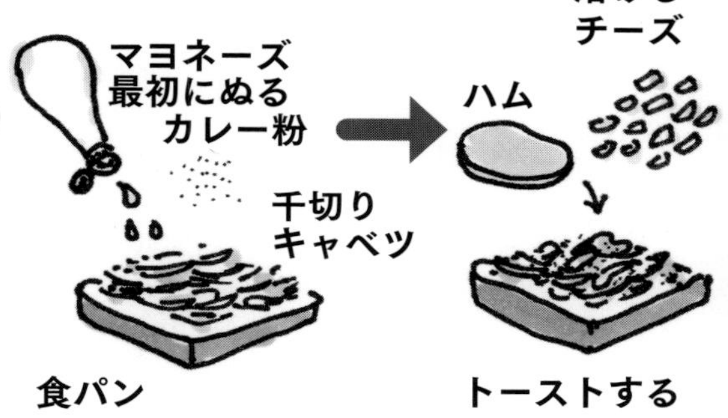

作り方

食パンにマヨネーズをぬりキャベツを広げてカレー粉を振り、ハムと溶けるチーズをのせてトーストする。

ほうれん草卵トースト

調理時間
5分

材料

- 食パン…1枚
- ゆでほうれん草…適量
- 卵…1個
- ケチャップ…適量
- ブラックペッパー…適量

作り方

1　食パンの上にゆでほうれん草で外枠を作り、真ん中に卵を割り入れる。
2　そのままトーストして卵が固まったらケチャップとブラックペッパーをかける。

ごはんのおかずトースト

食パンに残り物のおかずとチーズをのせてトーストする。

＼パンと相性のよいおかず／

ひじき煮　肉じゃが
カレー　ミートソース

ひとりごはんの基本形

ちょっとした添え物

頑張れない日は「ひと皿炭水化物」でよしと提案しました。しかし、少しでも「添え物」があれば、それだけで健康的な食事ができている不思議な肯定感に包まれることも否めません。

ちょっとだけやる気があるときや調理のついでに作れば、すぐに食べられるだけでなく、数日間食べつなぐことができるお惣菜（そうざい）が完成します。

特別な食材を買い揃えていなくても、無駄なく無理なく身近にある食材でサクッと作る感覚です。特にルールはありません。たとえば、使いかけの野菜、常備している玉ねぎやじゃがいも、買い置きの練り物や加工肉、乾物や瓶詰の残りなど、何でもOK。冷蔵庫に常備しているものや、使いきれないものにスポットをあて組み合わせて作ってみるのです。このように食材を組み合わせてみるのは意外と楽しく、新しい発見があったり、思わぬヒット作が生まれたりします。

添え物はごはん・麺・パンと合わせて小皿で用意すればおしゃれに、直にのっければダイナミックに。品数や彩りが増えれば気分も上がりますし、栄養バランスも整います。

このように、複数の味を少しずつ食べるのは個人的に最も好きな食べ方です。

ただし、一品といえども作る作業は少なからず手間が増えることには違いありません。キッチンに立つだけでもよくやった!と自分を褒めることは大切です。と同時に、せっかくやり始めた作業の流れに乗って、「ついでに作ってしまう」感覚であと少しだけ頑張ってみましょう。後々の自分がちょっと幸せになります。

瓶詰の残りで

かまぼこの岩海苔和え

調理時間
2分

材料

- 岩海苔…大さじ1
- かまぼこ…3㎝分

作り方

かまぼこを1.5㎝角に切り、岩海苔と和える。
＊かまぼこの代わりにちくわやクリームチーズでもよい。

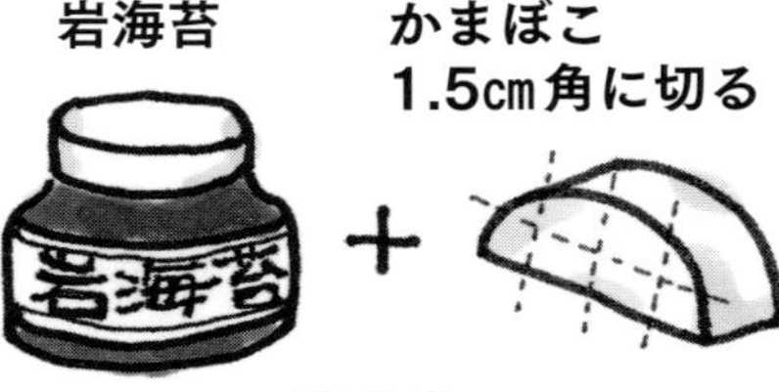

電子レンジでレタス和え

調理時間
2分

材料

- レタス…3枚
- 焼肉のタレ…小さじ2

作り方

1　レタスをちぎって耐熱容器に入れて、軽くラップをして電子レンジで1分加熱。
2　粗熱が取れたら軽く水気を切って、焼肉のタレで和える。

おひたし柚子胡椒風味

調理時間 3分

材料

- 小松菜…2株
- しょうゆ…小さじ2
- みりん…小さじ2
- 柚子胡椒…小さじ1/4

小松菜
5cm長さに切る

作り方

1. 小松菜は5cm長さに切り、しょうゆ・みりん・柚子胡椒はよく混ぜておく。
2. 耐熱容器に小松菜を入れて、調味料をかけてから軽くラップをして、電子レンジで1分30秒加熱。
3. 取り出して軽く水気を絞り、全体を混ぜる。

使いきれずに残っている乾物で

切り干し大根の洋風炒め

調理時間
10分
（戻し時間含む）

材料

- 切り干し大根…40g（乾燥の状態）
- ベーコン…１枚
（食べやすい大きさに切る）
- しいたけ…２枚（スライス）
- バター…大さじ１
- しょうゆ…小さじ１
- ブラックペッパー…適量

作り方

1　切り干し大根を水で戻してから水気を切って食べやすい大きさに切る。フライパンにバターを中火で熱し、切り干し大根・ベーコン・しいたけを炒める。

2　しょうゆで味つけしたら仕上げにブラックペッパーを加える。
＊バターは同量のオリーブオイルでもOK！

ひじきのしょうが煮

調理時間
10分
（戻し時間含む）

材料

- 乾燥ひじき…10g
（大さじ１相当）
- にんじん…３㎝（細切り）
- しょうが…ひとかけ
（細切り）
- ごま油…大さじ１
- しょうゆ…大さじ２
- みりん…大さじ１
- 酒…大さじ１
- 砂糖…大さじ 1/2

作り方

1 鍋に水で戻したひじきとすべての食材を入れて調味料をかけて蓋をし、中火で加熱する。

2 沸騰したら弱火で５分→蓋をあけて汁気を煮飛ばして完成。
＊にんじんとしょうがの量は「目で見て同量」が目安。

春雨キムチ

調理時間
10分
（戻し時間含む）

材料

- 乾燥緑豆春雨…40g
- 豚薄切り肉…40g
- キムチ…40g
- 鶏ガラスープの素…小さじ１
- しょうゆ…小さじ 1/2
- ごま油…大さじ１
- 塩こしょう…少々

作り方

1 春雨はたっぷりの熱湯で戻して、食べやすい長さに切る。豚薄切り肉も食べやすい大きさに切る。

2 フライパンにごま油を中火で熱し、豚薄切り肉を並べて軽く塩こしょうをして両面に焼き色をつけ、春雨・キムチ・鶏ガラスープの素を加えて炒めたら、仕上げにしょうゆを加えて全体を混ぜる。

お手頃な食材で

ちくわの磯辺炒め

調理時間
2分

ちくわ
斜め切り

マヨネーズ

軽く炒めて
青海苔を
まぶす

材料

- ちくわ…2本
- マヨネーズ…大さじ1
- サラダ油…大さじ1
- 青海苔…適量

作り方

1 フライパンにサラダ油を中火で熱し、マヨネーズと斜め切りしたちくわを入れて軽く炒める。
2 青海苔をまぶす。

しょうがなめたけ

調理時間
5分

えのき
軸を落として割く

材料

- えのき…1/2パック（100g）
- しょうが…ひとかけ
- しょうゆ…大さじ1
- みりん…大さじ1
- 酒…大さじ1
- 砂糖…大さじ1/2
- 酢…大さじ1/2

作り方

1 えのきは軸を切り落として割き、しょうがは細切りにする。
2 鍋に酢以外の材料を全部入れて中火でとろみがつくまで煮て、最後に酢を加えてひと煮立ちさせる。

甘辛油揚げ

調理時間 5分

油揚げ
6等分に切る

熱湯にくぐらせて
油抜き

材料

- 油揚げ…2枚
- しょうゆ…大さじ1
- みりん…大さじ1
- 砂糖…大さじ1
- 水…大さじ3

作り方

1. 油揚げは1枚を6等分くらいに切り、鍋で湯を沸騰させたら、さっとくぐらせ油抜きをする。
2. 耐熱容器にしょうゆ・みりん・砂糖・水を入れて混ぜ、粗熱が取れた油揚げの水気を絞ってから加えてラップをして、電子レンジで2分30秒加熱する。
3. 電子レンジから取り出して上下をひっくり返して常温に冷まして味をなじませる。

ラップをして
電子レンジで
2分30秒加熱

上下をひっくり返して冷ます

冷蔵庫の定番食材で

レンチン炒り卵

調理時間
3分

材料

- 卵…1個
- 水（または牛乳）…大さじ1
- 塩…ひとつまみ
- 粉チーズ…大さじ1
- オリーブオイル…大さじ1

作り方

1 耐熱容器の中に卵を入れ、水・塩・粉チーズを加えて溶く。

2 オリーブオイルを加えて混ぜてから、軽くラップをして電子レンジで1分30秒加熱。取り出して、大きく混ぜる。

軽くラップをして
電子レンジで1分30秒加熱

玉ねぎマリネ

調理時間
2分

材料

- 玉ねぎ…1/2個
- オリーブオイル…大さじ1
- 酢…大さじ1
- 砂糖…大さじ1/2
- 塩…小さじ1/2

作り方

玉ねぎをスライスしてポリ袋に入れて、調味料をもみ込み、冷蔵庫で1時間ほどなじませる。
＊紫玉ねぎでもよい。

スライスした玉ねぎと
調味料をポリ袋に入れもむ

豆腐の麺つゆ煮

調理時間
5分

材料

- 豆腐…1丁(150g)
- 麺つゆ(3倍濃縮)…大さじ2
- 水…大さじ1
- 天かす…大さじ2
- 七味唐辛子…適量

作り方

耐熱容器に豆腐を入れ、麺つゆ・水・天かすを加えてラップなしで電子レンジで1分30秒加熱する。
＊お好みで七味唐辛子を振る。

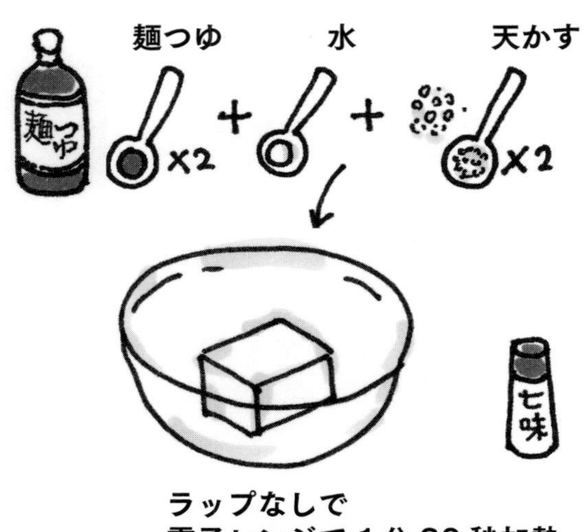

ラップなしで
電子レンジで1分30秒加熱

洗い物ゼロで

きのこの電子レンジ包み蒸し

調理時間
5分

バター
きのこ
割く
ベーコン
細切り

材料

- まいたけ、しめじ、エリンギ、しいたけなど…200g
- ベーコン…２枚
- バター…大さじ１
- ポン酢しょうゆ…適量

作り方

1　25㎝四方のクッキングシートに、割いたきのこ・細切りしたベーコン・バターをのせて包む。

2　電子レンジで３分加熱して、ポン酢しょうゆをかけていただく。

クッキングシートで
包んで電子レンジで
３分加熱

ちぎりキャベツの中華漬け

調理時間
3分

材料

- キャベツ…1/8個
- 塩…小さじ1/4
- 鶏ガラスープの素…小さじ１
- ごま油…小さじ２

作り方

ポリ袋の中にキャベツをちぎって入れて、塩・鶏ガラスープの素・ごま油を加えてもむ。

ちぎったキャベツと
調味料を
ポリ袋に入れもむ

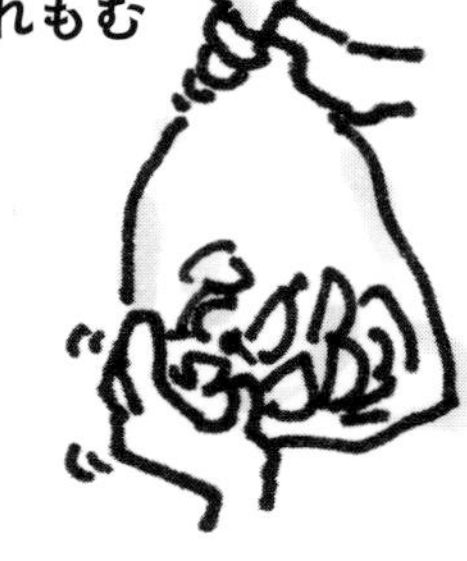

簡単汁物＆スープ

湯をそそぐだけの白だしすまし汁

調理時間
1分

お椀に入れて
湯をそそぐ

材料

- 湯…160㎖
- 白だし…大さじ１～
- 乾燥わかめ…適量

作り方

お椀（わん）に乾燥わかめ、白だしを入れて湯をそそぐ。
＊白だしの量は最後に味見をして薄ければ足す。

冷製コーンスープ

調理時間
2分

器に
コーンの
中身を空ける

材料

- コーンクリーム缶…1缶（180～190g）
- 豆乳（または牛乳）…180㎖
- 白だし…大さじ1 1/2～
- オリーブオイル…適量

作り方

缶に豆乳をそそいで
器に加える

1 器にコーンクリーム缶の中身を空け、空いた缶に豆乳を入れてから、コーンクリームに加える。

2 白だしを加えてよく混ぜ、お好みでオリーブオイルをたらす。

白だしを加えオリーブオイルをたらす

50歳からのひとりごはん
心の声と私の提案

問題その1

食べられる量が減った！

食べられる量もだんだん減ってきました。
慣れるまで意外と難しい少量調理。
昔と同じ調子で食材を買ったり、
作ったりすると余らせてしまうことになるので
少しずつ変化に対応していきたいものです。
食べられる量が確実に
少なくなっていることを受け入れないと、
作りすぎ、食べすぎに悩まされることになります。

72ページ
ひとり分の調理って
意外と面倒で難しい

80ページ
ひとり分の味噌汁を作るのは
難しいです

86ページ
調子に乗って買った野菜が
どんどんしなびていきます

92ページ
使いきれない調味料が
冷蔵庫で幅をきかせています

98ページ
気がつけば静かに賞味期限が迫った
乾物や瓶詰がひっそりとあります

心の声

ひとり分の調理って意外と面倒で難しい

提案

ひとり分でも簡単美味しいフードコンテナ調理

そもそも食べられる量が減りました。

目で見て「これなら食べられそう」と思っても、実際は途中でギブアップすることが多くなり、自分の胃袋のキャパを再認識することになります。

気持ちばかり若くても、体は確実に変化していくんですね……(遠い目)。

味の好みも変わりますが、まずは食べられる量が確実に少なくなっていることを受け入れないと、作りすぎ、食べすぎに悩まされることになります。

外食でも頼みすぎないように気をつけますが、自炊においても、「食材を買いすぎない・ためすぎない」はもちろん、「作りすぎない・食べすぎない」を心がけたいものです。

家族のためにお弁当や塾弁まで用意していたころは、自分が「ごはん作りマシーン」

心の声：
ひとり分の調理って意外と面倒で難しい

と化していたので、それはそれで終わりなき苦痛でした。

当時は、献立に悩むのはもちろん、とにかく「満腹にさせる」ために一定量を作り上げることも重要なミッションでしたが、ひとりごはんは違います。

自分が食べきれる量を作ること、それを意識しなければなりません。

うっかり以前と同じテンションでカレーを作ればいつまでも食べ続けることになり、あれこれ具材を入れて作ったおでんは男子高校生でも食べきれない量ができあがってしまいます。

買い物は量が減って楽になりましたが、逆に調理の合間の細かな作業が増えました。たとえば、玉ねぎの四分の三個をラップでくるんで野菜室に戻す、塩は小さじ四分の一でしょうゆは大さじ二分の一など、使う調味料も少しずつになります。

大雑把な私は、この細かな作業にいちいちイライラします。どちらかというと「少しだけ作る」ほうが大量調理よりも面倒に感じてしまうのです。

前にもふれましたが、お米の減り方も全く違います。昔と同じ勢いで買っても、なかなか減らないのです。

以前は白米を一度にたくさん炊いても、お弁当や夜食でどんどん消費していきました。毎日「ごはん足りるかな？」と心配していましたが、逆に今は「食べきれるかな」に変わりました。

もう五合炊きの炊飯器を使うこともなく、最近では一番小さな鍋で必要なときに少量だけごはんを炊いています。それでも余ったら冷凍しています。

つまり、変化した食環境にともない、「使う調理器具」のダウンサイジングが必要な場合もあるのです。

大きな鍋やフライパンをいつまでも使い続けるのには、作りづらいばかりか単純に重い・邪魔などの不具合を感じます。最近では食器すら「軽いもの」目線で選ぶようになりましたから。

最近、私はお弁当調理に使っていた小さな卵焼き器をフライパン代わりに使っています。鮭（さけ）の切り身がちょうど一切れ焼ける最小サイズです。

お弁当用にウインナーを炒めたり、だし巻き卵を作っていた小さな卵焼き器が、今や私専用のメインのフライパンとして大活躍です。

心の声：
ひとり分の調理って意外と面倒で難しい

ひとり分のおかずなら、これで切り身魚を焼いたり、野菜や肉を炒めたりします。後ほどご紹介する簡単な揚げ物ならば、少し多めに油を入れて調理すれば楽チンです。汁物にはミルクパンサイズの鍋をヘビロテです。

そして、もうひとつ少量調理に便利なグッズが「フードコンテナ」です。いろんな種類や呼び方がありますが、食品を入れる保存容器でレンジ使用が可能なものを使います（九ページ参照）。

これに食材を全部入れてレンチンするので、できあがり量の想像がつきます。ボタンひとつで簡単なのはもちろん、洗い物の手間が減るのも嬉しいポイントです。また、ガラス製のフードコンテナはそのまま食器代わりにもなり食卓に出せるので、ひとつ持っておくと便利です。

そもそもコンテナひとつに入る食材の量には限りがあるので、この際余っている食材を全部入れてしまえ！という暴挙に出ることも防げます。

不思議なことに、大きな鍋やフライパンで調理をすると、余った食材をついあれこれ追加して、結局食べきれない量ができあがって呆然（ぼうぜん）とすること、ありますよね。

少し余裕があったはずの大きめワンピースが、いつのまにかピチピチのボディコンサイズになってしまっている現象と同じでしょうか？（……いいえ、違います）

洋服も、鍋も、余裕があると自然とそれを埋めていくようにできているのかもしれません。

いずれにしても、油断は禁物です。

食材を無駄にしたくないという気持ちはわかりますが、結局作った料理を無駄にしてしまうのは忍びないものです。第一、作りすぎたものを延々食べ続けるつまらなさったらありません。せっかくならその時々に食べたいものを自由にちょうどよく食べたいと思います。

そしてウエストはゴムが楽チンな年頃になりました。

心の声：
ひとり分の調理って意外と面倒で難しい

コンテナで作るので仕上がり量が把握できる

電子レンジキーマカレー

調理時間
8分

材料

- 豚ひき肉…100g
- 玉ねぎ…1/4個
（1cm角みじん切り）
- にんじん…3cm分
（1cm角みじん切り）
- じゃがいも…小1個
（1cm角みじん切り）
- 固形カレールー…1かけ
- 中濃ソース…大さじ1
- ケチャップ…大さじ1

作り方

1 耐熱容器に豚ひき肉を敷きつめ、玉ねぎ・にんじん・じゃがいもを重ね、カレールー・中濃ソース・ケチャップを加え軽くラップをして電子レンジで4分加熱。

2 肉を砕くようによく混ぜてできあがり。

にんじん
1cm角
みじん切り

じゃがいも
1cm角
みじん切り

玉ねぎ
1cm角
みじん切り

豚ひき肉

中濃ソース　ケチャップ

カレールー

軽くラップをして
4分加熱

よく混ぜる

電子レンジおでん

調理時間
10分

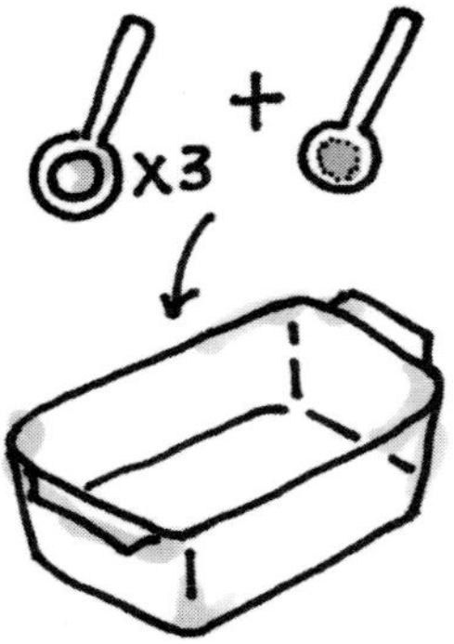

材料

- 大根…3cm分
  （皮をむいて1cm厚さに切る）
- がんもどき…1個（半分に切る）
- 鶏もも肉…100g
  （食べやすい大きさに切る）

＊大根下ゆで用

- 水…大さじ3
- 和風顆粒だし…大さじ1/2

＊調味料

- 水…50mℓ
- しょうゆ…大さじ1
- 酒…大さじ1
- みりん…大さじ1

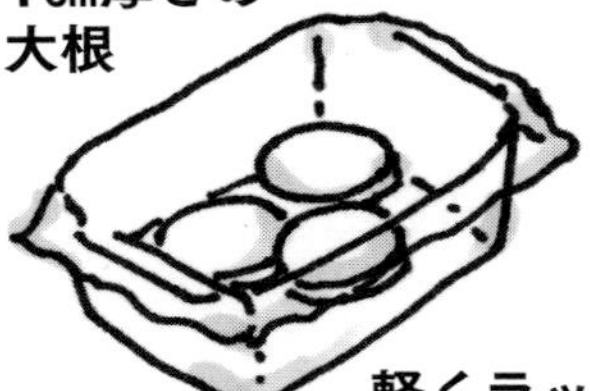

水
和風顆粒だし
x3

1cm厚さの
大根

軽くラップをして
電子レンジで４分加熱

作り方

1　耐熱容器に水と和風顆粒だしを入れて混ぜ、大根を加えて、軽くラップをして電子レンジで４分加熱。

2　**1**の上にがんもどきと鶏もも肉をのせ、調味料をすべて加え再度ラップをして、電子レンジで４分加熱。

水
しょうゆ
酒
みりん

鶏もも肉
食べやすい
大きさに切る

がんもどき
半分に切る

軽くラップをして
電子レンジで４分加熱

心の声：
ひとり分の調理って意外と面倒で難しい

電子レンジ回鍋肉（ホイコーロー）

調理時間
6分

材料

- 豚こま切れ肉…100g
 （軽く塩こしょうを振っておく）
- キャベツ…2枚
 （食べやすい大きさにちぎる）
- ピーマン…1個
 （種を取って食べやすい大きさにちぎる）
- にんにく…1片（スライス）

＊調味料
（よく混ぜておく）
- しょうゆ…大さじ1
- みりん…大さじ1
- 味噌…大さじ1
- 酒…大さじ1/2
- 片栗粉…大さじ1/2

作り方

1　耐熱容器に豚こま切れ肉を入れ調味料をまぶす。

2　1にキャベツ・ピーマン・にんにくをのせ、軽くラップをして電子レンジで4分加熱してよく混ぜる。

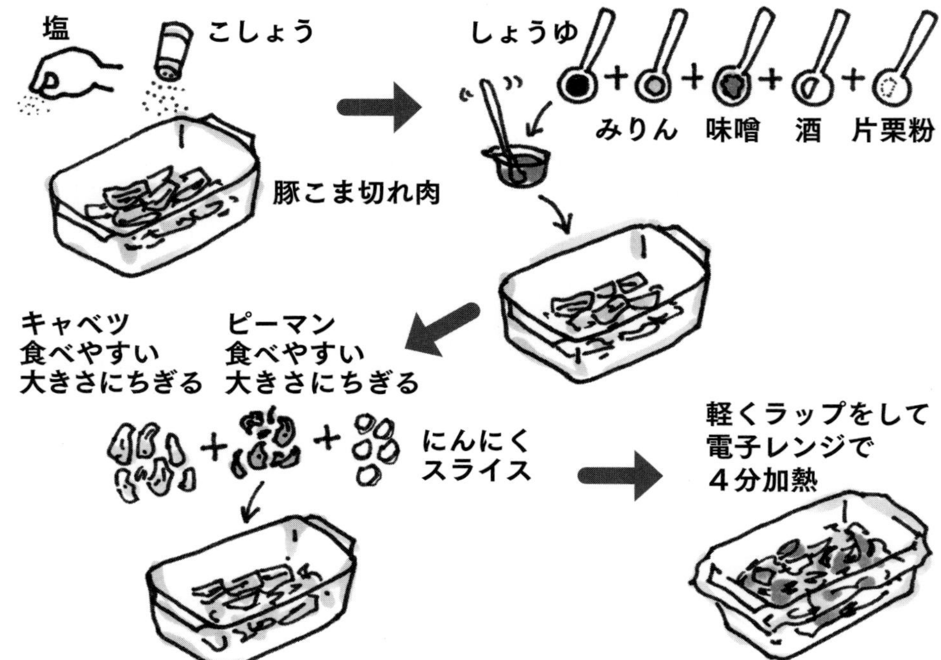

心の声

ひとり分の味噌汁を作るのは難しいです

提案

あえて三日食べられる量を作りましょう

「作りすぎてしまう料理選手権」で常に上位を占めるのは、汁物です。

汁物のできあがり量の管理は自分の体重管理よりも難しいかもしれません。

私にとって味噌汁はちょっと胃もたれしたときや、逆に手っ取り早くお腹を満たしたいときに頼れる優秀なアイテムです。また、二日酔いの朝の救世主でもあります。豆腐やかきたま汁などは消化にもよさそうだし、逆にじゃがいもや、きのこなど具だくさんにすれば腹持ちがいい一品になります。さらに、味噌汁は野菜とたんぱく質が同時に摂れるばかりか、味噌は今流行り(はや)の発酵食の元祖でもあるという嬉しいことずくめです。

そして何より、最近特に味噌やだしの風味に郷愁をおぼえる歳になりました。

心の声：
ひとり分の味噌汁を作るのは難しいです

一口いただくと、「あ」に濁点がついた声が喉からもれます。この声は、湯船に浸かったときやビールを飲んだときにも喉から出てしまう、しみじみとした心の声です。

ですから毎日摂りたいのですが、ひとり分をその都度作るのはなかなか面倒です。

そもそも昔は、「味噌汁は鍋のこの線まで水を入れる」という長年培った目分量がありました。おそらく皆さん、目をつぶっていてもピタリと同じ量を作れたことでしょう。

ところが、ひとりになるとまず総量が激減します。

いくら調理する鍋を小さなサイズにしても、「お椀一杯分の味噌汁を作る」ことは至難の業です。

実際に鍋に水を入れてみると、「これは〝シルバニアファミリー〟の朝ごはんですか？」ってくらい少なくて、味噌すら満足に溶けません。

最近は味噌玉なるものを作り置きしておいて、直接お椀に入れてお湯で溶かす……という方法もありますが、私はやはり野菜やきのこ、貝や油揚げなど加熱した具を楽しみたい派です。
そこで腹をくくって、味噌汁はお椀たっぷり二、三杯分くらいを作ります。
つまり、味噌汁は毎日ではなく、三日に一度作れば大丈夫という考えに変えました。
これが案外便利で、翌日はレンジ加熱でそのままいただくこともできますし、ちょっと小腹が空いたときに口にすることもあるので、三日くらいで食べきる量を作るのがちょうどいいと気づきました。
味噌汁は〝味変〟やアレンジもできますが、お椀二、三杯分なら飽きる間もなく食事のたびに重宝しつつ食べきってしまいます。

また、最近はSNSで「素敵な手作り味噌派」をたくさん見かけますが、私は手間がかかることと劣化させずに保存することに自信がなく、「味噌は手作りしない派」です。そして、案外同じような人がたくさんいることにも驚きました。ですよね。「やらない派」はわざわざSNSに投稿しないので目立ちません。
私は旅先で出会った美味しい味噌を買ったりお取り寄せしたりして、数種類の味噌

心の声：
ひとり分の味噌汁を作るのは難しいです

を取り揃えてプチ贅沢を満喫しています。もちろん自分で作る味噌には何にも代えがたい愛着が生じるかもしれませんが、その土地ごとの味噌もそれぞれ違った風味でとても興味深いものがあります。

私は温泉が好きなので、ふらっとあちらこちらに出向きますが、道の駅や物産館ではほぼ必ず味噌を買います。

その味噌たちを大きめのフードコンテナに詰め合わせて、その日の気分で「マイ合わせ味噌」を作って味噌汁を楽しむこともあります。毎朝、「あ、これは信州」「これは宮城」など味噌汁をすすりながら気分はプチ旅行。毎日の味噌汁で楽しかった旅先を思い出しているのです。

日々着る服を選ぶのは面倒になりましたが、その時の気分で味噌を選ぶことはちょっとした楽しみになりました。

そんな素敵な味噌汁ライフのために、食べ飽きない工夫・使いきる工夫をご紹介します。ただの汁物という概念を取っ払って挑戦してみてはいかがでしょう。

基本の味噌汁からの味変

スパイスとオイルちょい足しで味変味噌汁

味噌汁に少しスパイスやオイルを足すだけでちょっとした味の変化が楽しめます。
たとえば七味唐辛子、粉山椒、ブラックペッパー、ごま油、オリーブオイルなど。

七味唐辛子　粉山椒　ブラックペッパー　ごま油　オリーブオイル

鶏ガラスープの素でラーメンスープに

味噌汁に鶏ガラスープの素とごま油を加えれば、味噌ラーメンスープになります。
外でいただくこってりラーメンと違う、ほっこり優しいご自宅ラーメンをどうぞ。
さらに上級編として、ラーメンスープに白すりごまとラー油を足して担々麺風にもできます。

鶏ガラスープの素　＋　ごま油

コチュジャンを足してチゲ鍋に

味噌汁にコチュジャンを足せば、チゲ鍋のベースになります。
具には、豚肉、あさり、卵などのたんぱく質や、わかめ、豆腐、白菜、ネギなどをどうぞ。

冷凍うどんを足して煮込みうどんに

味噌汁に冷凍うどんを足して煮込んでください。
味噌を追加して味噌煮込みうどんでも、カレールーを足してカレーうどんでも、主食として満足の一品です。

冷やごはんとチーズをのせてトースターでドリアに

味噌汁と冷やごはんを耐熱容器に入れ、ハムやウインナー、ツナなどを加えて溶けるチーズをのせてトースターで焼くと和風ドリアに。

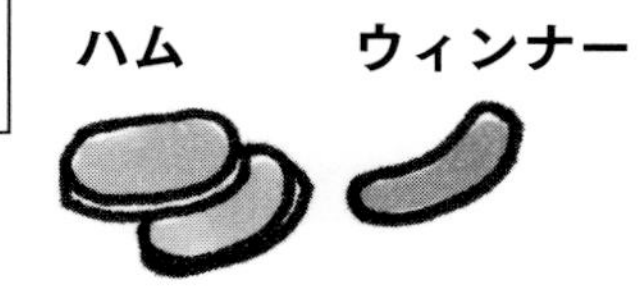

心の声

調子に乗って買った野菜がどんどんしなびていきます

提案

とりあえず「ゆでる」

野菜室を開けるたびに気持ちが萎えるときがあります。
買った野菜がどんどん劣化していくのです。
まるで我が身を見ているような錯覚に襲われ、思わず扉を閉めて、大きなキャベツや白菜を丸ごと買った自分を呪います。

「だから、食べきれないんだってば！」

不思議なもので、旬の野菜をたっぷり食べると健康になる気がします。
しかも新鮮な丸ごと野菜は、買わないと損をしている気持ちにすらなります。
しかし、基本がひとりごはんなのに、後先考えず勢いで買ってしまった大物野菜が野菜室でどんどんしなびていくとき、私たちの心も同時にしなびていきます。

心の声：
調子に乗って買った野菜がどんどんしなびていきます

あれは友達との旅行帰りに立ち寄った道の駅。積み重なる高原キャベツに心を奪われ、「美味しそう！」と手を伸ばした記憶がよみがえります。

そもそもキャベツ丸ごとなどひとりでは相当頑張らないと食べきれないのはちょっと考えればわかることですが、あまりの新鮮さに負けてしまう自分がいます。「千切りでコールスローとか、ロールキャベツにしてもいいね！」と想像したり、「試作レシピに使ってもいいわけだし、きっと使いきれるはず」「いっそのこと、ごはんの代わりにたくさん食べればダイエットにもなる」と妄想が爆走します。

「ホントに使いきれる？　そもそも重たいのを持って帰れる？」などという助言を友達は決してしてしまいません。それどころか、「美味しそうだもんね、新鮮だし安いもんね」と調子のいいことを言います。

当然悪意はなく、そもそも我々世代の頭は考えるより先に自動的に相槌（あいづち）を打ってしまうシステムになっているのです。この場合に限らず、だいたいおばさんというものは人の話を聞いていないわりに何でも構わず勧めてきます（自分含む）。

このように女友達とは絶対ネガティブな意見を言わず、じゃんじゃん買わせる生き物です。

かの高原キャベツも、あのときは食べきれると思っていたのです。だからこそ、近所のスーパーでも買えるものを遠路はるばる連れ帰ったのですが、しかしそれは完全に出来心でした。

道の駅でテンションが上がりきった我が姿が走馬灯のようによみがえり、目の前には断面が変色した例のキャベツがあるのが現実です。

そうです。地場産の新鮮野菜がお安く並ぶ道の駅や産直市場は、我々にとっては危険地帯でもあるのです。

思わず買い込んでしまうのは多分、日頃のストレス発散なんでしょうね。

実際は四分の一カットのキャベツでも持て余す今日この頃です。

「何を作ろうか」と考えるのも、実際作るのも嫌になります。

心の声：
調子に乗って買った野菜がどんどんしなびていきます

そんなときは「とりあえずゆでる」。包丁でざく切りして、ゆでてしまいます。塩もみや漬物などの簡単な副菜を作ってから使いまわしていくのにもそれなりに頭を使いますから、ここは無の境地でただ切ってゆでる。

単純にカサが減れば保存も楽になります。そして生の状態よりも少しだけ劣化寿命を延ばしたことで、一瞬だけ心の平和が訪れます。

ゆでたキャベツは三、四日で食べきれそうな分量を冷蔵に、それ以外は冷凍です。冷凍する場合は汁気を切って保存用ポリ袋に入れ、なるべく薄く伸ばしておくと、使うときはバキッと手で割って必要量だけ取り出せます。このようにいったんゆでておけば、味噌汁の具や炒め物にもすぐに使えて加熱時間も短くて済みます。

そして繰り返しがちな買い物の失敗を忘れず、キャベツや白菜は最少の四分の一単位で買うことを心に刻みます。もちろん多少割高でも、です。結果、無駄にするより経済的で、追い立てられるような気持ちの負担もなくなります。重たい野菜を運ぶのは筋トレですが、使いきるのは脳トレですね。

大物野菜の消費リレー

キャベツや白菜は適当な大きさに切り、軽くゆでておく。保存容器に入れて、冷蔵で3日間、冷凍で2週間を目安に使いきる。ゆでた後、まず副菜としてマリネに。余ったものは下記の料理に展開もできる。

ゆで野菜のマリネ

調理時間
2分
（ゆで時間のぞく）

材料

- ゆで野菜…（キャベツまたは白菜）茶碗1杯分
- 塩…小さじ1
- 砂糖…小さじ1
- 酢…大さじ1
- オリーブオイル…大さじ1

作り方

ゆで野菜の水気を軽く絞り、調味料を全部加えて混ぜる。
＊このまま食べても、ソテーした魚や肉にかけたり、ドレッシングとして野菜にかけてもOK。

ゆで白菜→中華丼

調理時間
8分

材料

- 温かいごはん…1杯分
- ゆで白菜…100g
- にんじん…1/4本（斜め薄切り）
- しいたけ…1枚（スライス）
- 豚薄切り肉…40g（食べやすい大きさに切る）
- ごま油…大さじ1

＊タレ

- 水…80㎖
- 鶏ガラスープの素…大さじ1
- しょうゆ…小さじ1
- 片栗粉…大さじ1

作り方

1 フライパンにごま油を熱し、ゆで白菜・にんじん・しいたけ・豚薄切り肉を入れてにんじんがしんなりするまで炒める。

2 よく混ぜたタレを加え、とろみがついたらごはんの上にかける。

心の声：
調子に乗って買った野菜がどんどんしなびていきます

ゆでキャベツ→お好み焼き

調理時間
15分

材料

- ゆでキャベツ…140g（細切り）
- ゆで小エビ（冷凍）…6尾
（食べやすい大きさに切る）
- 豚薄切り肉…30g
（食べやすい大きさに切る）
- 卵…1個
- 天かす…大さじ1
- かつお節…1パック（約3g）
- 薄力粉…大さじ3
- 水…小さじ2
- サラダ油…大さじ1
- ソース…適量
- マヨネーズ…適量

作り方

1　ボウルに材料欄のゆでキャベツからかつお節までを入れて、薄力粉を加えて軽くかき混ぜ、様子を見ながら水を加えて全体がねっとりするまで混ぜる。

2　サラダ油を引いたフライパンを中火で熱し、生地を流し込んで広げて焼く。

3　焼き色がついたらひっくり返して、蓋をして弱火で7分加熱する。蓋を取って中火に戻し1分ほど加熱し、皿に移してソースとマヨネーズをかける。

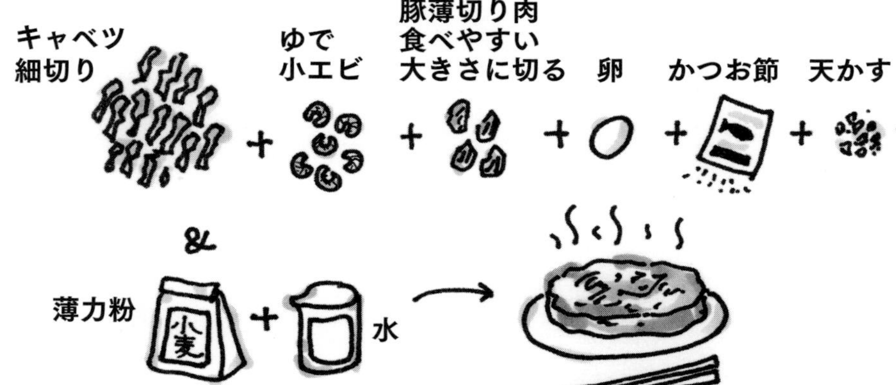

心の声

使いきれない調味料が冷蔵庫で幅をきかせています

提案

使いきりレシピと二度と買わない決意

なぜか冷蔵庫はいつもいっぱいです。
ほとんどひとり分の食材しか必要ないのに……です。
そもそも冷蔵庫の一番上の棚やドアポケットの端っこなど、冷蔵庫の中にも「閲覧注意ゾーン」が存在します。
半年に一度くらい、業を煮やして全部取り出してチェックすると、不思議なことにほとんど不要なものばかりです。
賞味期限切れの何かのタレや味つけの素、小さなパックの刺身用わさびや個包装のケチャップなど……。
いつの？　誰の？（いや、もれなくいつかの自分の仕業）

心の声：
使いきれない調味料が冷蔵庫で幅をきかせています

つくづく、「もったいない」と「いつか使う」精神を断ちきれない自分にあきれます。気をつけないと歳をとるにつけ、この「もったいない精神」が強くなってくるのです。もらった化粧品のサンプルをいつまでも取っておいた母を思い出します。

そもそも日常のごはん作りに必要な調味料なんて、実はそれほどたくさんありません。

しかし、本格的に作ってみようとか、たまには一味違うものを、という目論見（もくろみ）で買ったスイートチリソースやナンプラー、黒酢やマスタードがいつまでも使いきれずに幅をきかせていませんか？

そんな歴史的遺産と化した調味料たちも、簡単で、これなら美味しいという使い方があれば使いきりに役立ちます。

そして使いきった後は「待って！　その調味料使いきれる？」を合言葉に買い出し中の自分をいさめたいと思います。

ちなみに「道の駅」好きな私は、ついついご当地の調味料を買いがちです。

最近では、使いきれないのは目に見えているのでまずは原材料を確認します。すると「あ、いざとなったら家にある調味料を混ぜて作れるな」と納得して買い控えられるのです。

しかし不思議なことに、この「いざとなったら」はほとんど訪れることがありません。

このように興味がわいた調味料は、まずはじめに原材料を確認してみてください。たとえば、しょうゆとみりんに唐辛子と味噌とネギを刻んで入れたらできそうとか、ケチャップに砂糖とソースを加え、ちょっとタバスコを入れると同じ感じになるかも……などなど。

あれ？　家にある調味料でなんとなくできるかも、と気づくときがあります。

実際に作るか作らないかは別問題として、「家でも作れるかも」と思うことで伸ばした手が引っ込むことが多々あります。

そもそも珍しい調味料を買いあさってしまうのは、普段作る料理の味が固定化されているから……ですよね。

一方で、「ヘビロテ調味料」、つまりいつも使う調味料と使いきれない調味料は各家

心の声：
使いきれない調味料が冷蔵庫で幅をきかせています

庭でビックリするほど異なります。

私はコチュジャンや粒マスタード、オイスターソースはとてもよく使います。ちなみに年に一度くらい「使いきれない調味料レシピ」を料理教室のテーマにしますが、これも生徒さんごとに反応が違いすぎて驚きます。好きな味つけや好みの傾向は十人十色なんですね。

たとえば、しょうゆの代わりに何でもナンプラーを使うご家庭。ポン酢しょうゆはいっさい使わず、酢じょうゆを愛用しているご家庭。

これから調味料使いきりレシピをいくつかご紹介しますが、必ずしも万人に響くとは思いません。各自必要な「使いきりレシピ」を探して余っていた調味料をいったん使いきってしまいましょう。

そして使いきったら似たようなものはもう買わない。そもそも定番で食べたい味つけと、一回食べてみたい味つけは異なりますから。

そして、たいていの調味料は家にあるものでそこそこ代用できます。

残りがち調味料の使いきりアイデア

スイートチリソースはマヨネーズと混ぜて

★スイートチリ＋マヨ

ゆでたブロッコリーや生の大根やにんじんなど、野菜のディップとして使うのが簡単です。
薄力粉をまぶしてこんがり焼いたエビに和えれば、即席エビマヨにもなります。

ナンプラーは砂糖とレモン汁でエスニック浅漬け

★ナンプラー

大根・かぶ・にんじんなど身近な野菜を使って、手軽にソムタム風漬物ができます。スライスしたれんこんをごま油で炒め、酒とナンプラーを同量入れて蒸し焼きにした炒め物もお気に入りです。

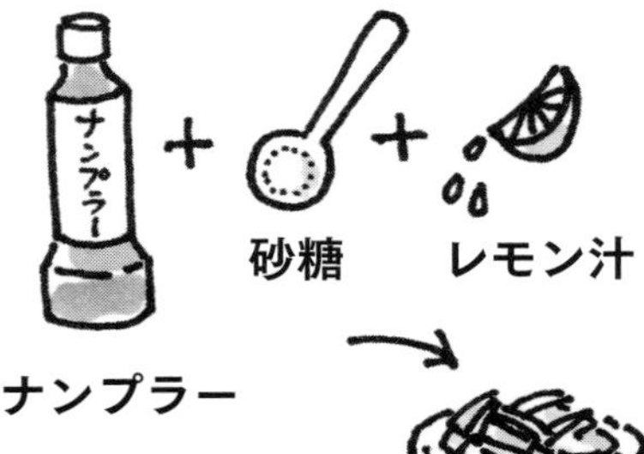

黒酢は炒め物のしょうゆの代わりに

★黒酢

チャーハンや焼きそばに加えてさっぱりと仕上げたり、もちろん酢豚にも使えます。
また黒酢とはちみつ同量にしょうがのすりおろしを少し加えた「黒酢ドレッシング」を、生野菜サラダや揚げ物にかければさっぱりとした風味になります。

心の声：
使いきれない調味料が冷蔵庫で幅をきかせています

オイスターソースは温野菜サラダや炒め物に

★オイスターソース
レンチンしたチンゲン菜や小松菜に熱いうちにお好みの油をまぶし、オイスターソースをかければ温野菜サラダが完成。細切りしたじゃがいもやピーマンを酒とオイスターソースで炒め、鶏ガラスープの素で味を整えて炒め物にも。

バルサミコ酢は煮詰めてソースに

★バルサミコ酢
煮詰めて魚や肉のソテーソースに。
また、同量の砂糖と一緒にレンチンしたものはバニラアイスにかけると絶品。炭酸水で割ればヘルシードリンクにもなります。

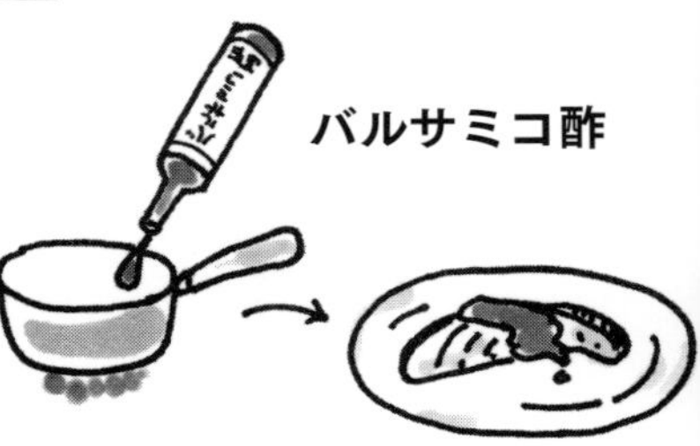

代用調味料の作り方

ナンプラー	アンチョビまたは塩辛の汁小さじ1＋しょうゆ大さじ1
オイスターソース	中濃ソース大さじ１＋鶏ガラスープの素小さじ1
バルサミコ酢	中濃ソース大さじ１＋酢大さじ1（黒酢がおすすめ）

心の声

気がつけば静かに賞味期限が迫った乾物や瓶詰がひっそりとあります

提案

買い出しできない日こそ「乾物・瓶詰デー」にする

何事にも「永遠」はありません。しかし、いったん冷凍庫に入れた乾物や瓶詰にはどういうわけか「永遠の命」があるように感じられるのはなぜでしょう。そんなことが可能なら、ぜひとも全身冷凍したいものです。

困るのは、乾物や瓶詰は決して一度に大量には使わないということです。少しずつ使うということはなかなか減らないということなので、そこが余らせて放置してしまう落とし穴です。しかもいったん開封した袋や瓶の賞味期限は、表示の通りとは限りません。外気に触れると劣化が早まり、知らぬ間にカビや虫が発生します。

たとえば乾物ならば、切り干し大根にひじきや乾燥小エビ、海苔やかつお節、干し

心の声：

気がつけば静かに賞味期限が迫った乾物や瓶詰がひっそりとあります

しいたけもそうです。瓶詰ならば、岩海苔に鮭フレーク、梅ペーストにザーサイや塩辛。

ほら……「あ！　そういえば家にもある！」と思ったものはありませんか？

おそらく冷蔵庫の一番上の棚の奥とか、引き出しの奥深くに潜んでいます。

決して料理のメインとならない地味な存在だからこそ、日にちを決めてチェックするのです。

買い出しに行けないときや外に出たくないときこそ絶好の「乾物・瓶詰デー」ですから、その日に冷蔵庫やストレージの奥を探ってみませんか？　期限切れや劣化しているもの、おそらく今後も使わないものは思いきって処分してスッキリしましょう。

ちなみに、頼りになる乾物は食物繊維や栄養が豊富なものが多いです。

そして、瓶に入っているものはたいてい温かいごはんと混ぜるか、パスタに和えると意外に美味しいものばかりです。

買い出ししなくても栄養たっぷりの美味しいごはんが作れるので、日にちを決めて「乾物・瓶詰デー」を定期的に開催しましょう。

乾物・瓶詰が
オールマイティに使える簡単料理

パスタの具に使う

**鮭フレーク・梅ペースト・岩海苔・
かつお節・ザーサイ・塩辛など**

おすすめの具と風味の組み合わせ

和風

★鮭フレーク（または塩辛）＋白だし＋豆乳
★梅ペースト＋岩海苔＋バター
★塩昆布＋かつお節＋しらす＋オリーブオイル

中華・韓国風

★ザーサイ＋しょうゆ＋ごま油

心の声：
気がつけば静かに賞味期限が迫った乾物や瓶ものがひっそりとあります

ふりかけにしてしまう　かつお節、乾燥小エビ・海苔・塩昆布

★ふりかけ

数種類を合わせ、瓶に入れて冷蔵保存します。1週間をめどに使いきるようにします。
多く作ったときは厚手のポリ袋に広げて冷凍してしまいます。
温かいごはんやパスタにそのまま混ぜて使います。

炊き込みごはんに使う　干ししいたけ、乾燥小エビ・ザーサイ

★炊き込みごはん

ツナ缶・にんじんのみじん切り・刻んだザーサイをオイスターソースとしょうゆを合わせて炊き込み、ごま油で和えると簡単ちまき風に。
しいたけ・乾燥小エビとめんつゆで薄味のシンプルな炊き込みごはんを、おかずに合わせるのもおすすめです。

サラダに使う　ひじき・切り干し大根

★サラダ

水で戻したひじきや切り干し大根に、葉物野菜、わかめなどの海藻を合わせて栄養バランスを意識することもあります。
ゆでたじゃがいもやさつまいも、ブロッコリーを温かい状態で加えて、ドレッシングあえてホットサラダも！

50歳からのひとりごはん
心の声と私の提案

問題その2

モチベーションが上がらない

「家族のために」
というキッカケがなくなれば、
自分のためだけにやる気を出すのは
難しいときだってあります。
やる気の波はあって当然。
自分がほどよく食べられれば
正解も不正解もないと思います。
上手(うま)い具合にやりくりしていきましょう。

104ページ
買い出しに行きたくない！
ごはんだけはあります

108ページ
包丁とまな板すら
使いたくありません

114ページ
たまには揚げ物を食べたいけど、
面倒くさすぎます

118ページ
お腹は空いているのに、
献立を考えるのが面倒です

心の声

買い出しに行きたくない！ ごはんだけはあります

提案

具材を選ばない九〇秒チャーハン

「買い出しできない日こそ、乾物・瓶詰デー」と提案しましたが、今どきはネットスーパーやウーバーイーツだってあります。

買い物に行けなくても家に全く食材がないという状況はなく、当然食いっぱぐれることもそうそうありません。

冷凍ごはんならある。そんなシチュエーションによく出くわします。

おかずどうしよう？　ごはんのお供あったかな？……そんなことからメニューを考え始めると思いますが、お腹が空いていると頭もまわりません。

そんなときは、食材を選ばず同じ作り方で必ず美味しく仕上がる料理……チャーハンにしましょう。

心の声：
買い出しに行きたくない！　ごはんだけはあります

ごはんだけはあるけど腹ペコなときに、「困ったらこの料理」があると助かります。

私が作る「九〇秒チャーハン」は、温かいごはんと火が通りやすい食材を使うことで、九〇秒蒸すだけで作れます。

このレシピに行きついたきっかけは、食材に火が通ってほどよく油が回れば何も大げさにフライパンを振って炒めなくてもよくない？と思ったからです。

そもそも具材のバリエーションがきくチャーハンは、具材と味つけによって「その日そのときのチャーハン」に出会えます。まさに食の一期一会です。

買い出しに行かなくても、卵とか玉ねぎとかツナ缶とか……このあたりは比較的常備していませんか？　しなびかけた野菜や湿気った海苔も、ちぎったり切ったりして使ってみましょう。

短時間で簡単に作れるわりには、ごはんものなのでちゃんと満足感があります。

ときには懐かしのケチャップ味やピリ辛カレー味、具材だって漬物や缶詰などに新しく挑戦してみるのも楽しいですよ。
そして安心してください。チャーハンに必要な「強火・握力・中華鍋」は、いっさい不要です。

せっかくなら少し多めに作って冷凍しておくと、もっと気持ちが萎えた時のレスキューごはんになります。
レンチンしてそのまま食べる。海苔で巻いておにぎりにする。顆粒コンソメスープをかけてスープチャーハンにする……。味つきごはんの最高峰のチャーハンは満足感とバリエーションの豊富さが圧巻です。
チャーハンってすごい！と、つくづく尊敬してしまいます。

心の声：
買い出しに行きたくない！　ごはんだけはあります

提案レシピ

蒸し焼き90秒チャーハン

調理時間
5分

材料

- 温かいごはん…茶碗1杯分
- 卵…１個
- ハム…２枚
（食べやすい大きさに切る）
- 長ネギ…3㎝分（みじん切り）
- 塩…ひとつまみ
- サラダ油…大さじ２

＊調味料

- しょうゆ…大さじ１
- オイスターソース…大さじ１
- 酒…大さじ１

作り方

1　フライパンにサラダ油を入れ、箸を入れて小さな泡が立つくらいまで中火で加熱する。

2　溶き卵を入れて木べらで大きく３回ほど混ぜたら、半生のまま油ごと皿に取り出す。

3　空いたフライパンに温かいごはんとハム、長ネギを入れ、卵を油ごと上にのせて調味料をかける。

4　蓋をして中火で90秒加熱し、蓋を開けて卵をほぐし、調味料がいきわたるように全体を混ぜる。塩で味を整える。

フライパンに
サラダ油を入れて
中火で熱し

溶き卵を入れて木べらで
大きく３回ほど混ぜ
取り出しておく

ハム
食べやすい
大きさに
切る
×２＋
長ネギ
みじん切り

温かいごはん

取り出しておいた卵を
油ごと上にのせる

オイスターソース
しょうゆ
酒

調味料を
かける

蓋をして
90秒加熱

蓋を取って
全体を混ぜる

心の声

包丁とまな板すら使いたくありません

提案

使わなくてもできます

「ねえ、そんなことある？」

先日、友達がビックリして話してくれました。

聞けば新婚のお嬢さんが「包丁とまな板を使うのすら面倒」とぼやいていたというのです。

「信じられないよね」と同意を求められ微妙に笑ってやり過ごしましたが……。

ええ。あります。ありますとも。

「もう包丁とまな板を出すのすら無理」……という日。しかも結構頻繁に。

さすがに料理を仕事にしている立場上、あいまいな相槌でごまかしましたが、私は「包丁とまな板すら使いたくない日」なんてしょっちゅうあります。

心の声：
包丁とまな板すら使いたくありません

そんな日は、せいぜい湯を沸かすか、電子レンジのボタンを押すのが精いっぱいのダメダメな日です。

しかし、人それぞれ「面倒」のレベルがかなり違うことは、料理教室での体験も含めて痛感しています。

たとえば生徒さん同士で料理の話で盛り上がるとき話題になる、「軽くゆでて刻んで」とか「塩もみしてから絞って」などという手間。「あ、それくらい簡単」とすんなり受け入れる人とそうでない人がいます。さらに、いつもならできるけど、どうしても無理なときがある、という話が出ることも。

本当に人生いろいろ、料理の面倒もいろいろです。

もちろん、何かのスイッチが入って「延々とみじん切りをする」などというハードルが高めな作業にも不思議と集中し、逆にそれがストレス発散になるという珍しい日もあります。

しかしそれは二か月に一度くらいで、基本みじん切りは面倒です。

ですからひとりごはんは、「ちぎればよくない？」

「鍋の上ではさみで切って入れる」「皮はむかない」なんていう自由さがあってもいいのです。

つまり包丁とまな板すら使いたくない日というのは、食材をそのまま使う、ただ加熱する、レンチンする……などでギリギリ凌いで自分を休ませる日なのです。

一一二ページからご紹介するレシピは一見面倒そうですが、包丁とまな板を使わない究極料理です。そしてそのわりにはとっても豪華に仕上がる！

お悩みを一発解決しつつも、余ったら冷凍保存も可能なお助けレシピなのです。

ちなみに、少量のみじん切りが面倒になった私は、新しい調理器具を購入しました。

ホームセンターでも入手できる「手動のみじん切り器」です。

この新兵器は、まな板の上で野菜が散乱するモヤモヤも、玉ねぎのみじん切りで流す涙も全部解決してくれました。にんじんなどの根菜のみじん切りだって「ブンブン」

心の声：
包丁とまな板すら使いたくありません

と紐(ひも)を引けばＯＫです。ちょっとした二の腕エクササイズ気分です。

この調理器具はずいぶん前から愛用者はたくさんいるので、遅きに失した感満載ですが、これには私なりの理由があります。

仕事柄、「みじん切りとはいえ、ちゃんと包丁とまな板で切らなきゃ」と自分を変に律していたのです。不思議です。

しかし、もうそんな謎の思い込みマイルールは取っ払いました。

今では生徒さんに実演しつつ、「ね！　便利でしょ」と紹介しまくっています。

つくづく「これくらいの手間は手作業でやらなきゃ」というかたくななこだわりを持っていた自分にお疲れ様と言ってあげたいです。

ちなみに、ここでご紹介するレシピは「ミートボール」ですが、肉ダネを丸める大きさ次第で料理名は変わります。

小さく丸めればミートボール、大きく成形すればハンバーグ、ひとかたまりならジャンボハンバーグ……まるで出世魚のようなひき肉の七変化を、お好きなスタイルでどうぞ。

包丁とまな板を使わないミートボール

調理時間
15分

提案レシピ

材料

- 豚ひき肉…130g
- パン粉…大さじ2
- 牛乳…大さじ2
- 塩…小さじ1/2
- こしょう…適量
- トマト缶（ホールがおすすめ）…1缶
- まいたけ…1パック
  （食べやすい大きさに割く）
- ケチャップ…大さじ1
- バター…大さじ1

作り方

1　ポリ袋にパン粉と牛乳を入れて軽くもみ、全体がしんなりしたら豚ひき肉と塩こしょうを加えて混ぜ合わせる。

2　鍋にトマト缶を空けて中火で熱し、トマトの塊をつぶしてから肉ダネを丸めて入れてまいたけを加える。

3　そのまま中火で8分加熱しながら煮詰め、最後にケチャップとバターを加える。
＊トマト缶の残りは保存容器で冷凍して保存できる。

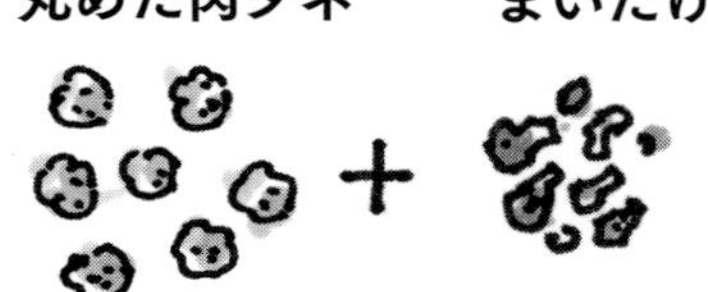

トマト缶を熱して肉ダネとまいたけを入れて8分加熱。最後にケチャップとバターを加える

心の声：
包丁とまな板すら使いたくありません

かに玉

調理時間
5分

材料

- かにかまぼこ…2本
- サラダ油…大さじ1
- 卵…1個
- 塩…ひとつまみ

＊あん（よく混ぜておく）

- しょうゆ…小さじ2
- 砂糖…小さじ2
- 酢…小さじ2
- 片栗粉…小さじ1
- 水…大さじ3

塩

かにかまぼこ

卵
溶く

作り方

1 卵に塩と割いたかにかまぼこを加えてよく混ぜ、サラダ油を中火で熱したフライパンに流し入れて軽くかき混ぜながら火を通して皿に盛る（半熟でOK）。

2 空いたフライパンにあんの材料を入れて、中火でとろみがつくまで加熱して**1**にかける。

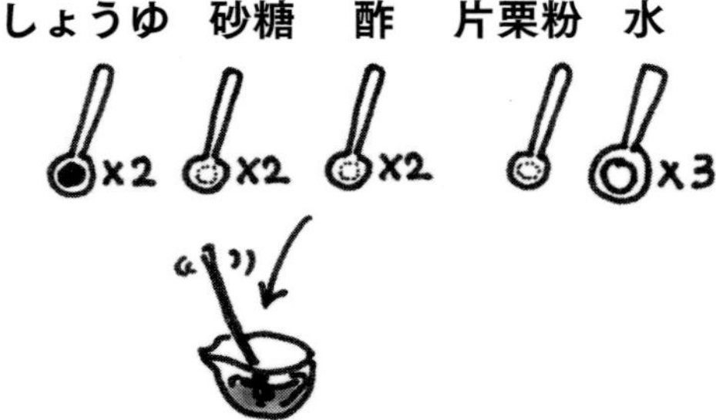

心の声

たまには揚げ物を食べたいけど、面倒くさすぎます

提案

それ、ひとり分でも簡単にできます

いくら歳をとってさっぱりしたものが好みになったとはいえ、揚げ物が欲しくなるときもあります。

しかし、外食の油って胃もたれすることありませんか?

だからといって、家で天ぷらをひとり分だけ揚げるのは面倒くさすぎますし、予想外に大量にできあがって途方に暮れることもあります。

さらに油の片づけは考えただけで気が遠くなるのです。

そこで卵焼き器を使った「ひとり分天ぷら」の登場です。

油は大さじ二、三杯。私が大好きなちくわの磯辺揚げも、ちくわ一本から作れます。

心の声：
たまには揚げ物を食べたいけど、面倒くさすぎます

また、かき揚げだって簡単。卵焼き器ならば材料も四方八方に散らばることなく、小ぶりできれいに仕上がります。

中までじっくり火を通さなくても食べられる食材を選べば、少量の油でも心配なく揚げ焼き感覚で大丈夫です。食材は、玉ねぎ・ニラ・にんじん・ピーマン・コーン缶・乾燥エビ・じゃこなどです。

ちなみに天ぷらの衣は薄力粉と水だけでもできますが、世の中には「サクッと上手に揚げるには衣が肝心」と様々なレシピやひと手間が存在します。

それは衣の粉の配合だったり、混ぜ方だったり、さらには温度管理まで……美味しくなるとはいえ、どれもいっそう面倒くさく感じてしまいます。

そんな私は市販の天ぷら粉も愛用します。これはかなり優秀です。

いろんな気遣いや手間が不要で、安定のサックリ天ぷらができます。

また、天ぷらのつけ汁も市販の麺つゆを使います。

頼れる市販品には頼る。

ついつい自分の力で頑張る癖がついてしまった私たち。時には力を抜いて何かに頼ってみる。そんな柔軟さもこれからは取り入れていきましょう。

熱々だけど、軽くさっぱりいただける「ひとり分天ぷら」。

ひとりごはんに便利な冷凍うどんや素麺など、味気なくなりがちな「ひと皿料理」にスター爆誕です。

天ぷらが簡単という認識になれば、ひとりごはんのレベルがグッと上がりませんか？

ごはんでも麺でも、そのままお酒のおつまみにも、できたて熱々を好きなだけ。

おうちごはんが贅沢ごはんに早変わりです。

さて熱々を食べたら後は片づけです。卵焼き器の油はごく少量。キッチンペーパー一、二枚でさっと拭き取れる量です。

食べた後も面倒くさくない。これはかなり重要なポイントです。

心の声：
たまには揚げ物を食べたいけど、面倒くさすぎます

ひとり分かき揚げ

調理時間
5分

提案レシピ

材料

- 玉ねぎ…1/4個（スライス）
- 乾燥エビ…大さじ1
- 薄力粉…大さじ2
- 水…大さじ2
- サラダ油…大さじ2

作り方

1 ボウルに玉ねぎと乾燥エビを入れ、薄力粉大さじ1/2をまぶす。
2 残りの薄力粉大さじ1 1/2と水を粉気がなくなるまで軽く混ぜてから**1**に加えて全体を和える。
3 小さな卵焼き器にサラダ油を中火で熱し、**2**を入れ、卵焼き器の端っこを使ってちょうどいい形に成形して、揚げ焼きにする。
4 焼き色がついたら裏返して、火が通ったらできあがり。

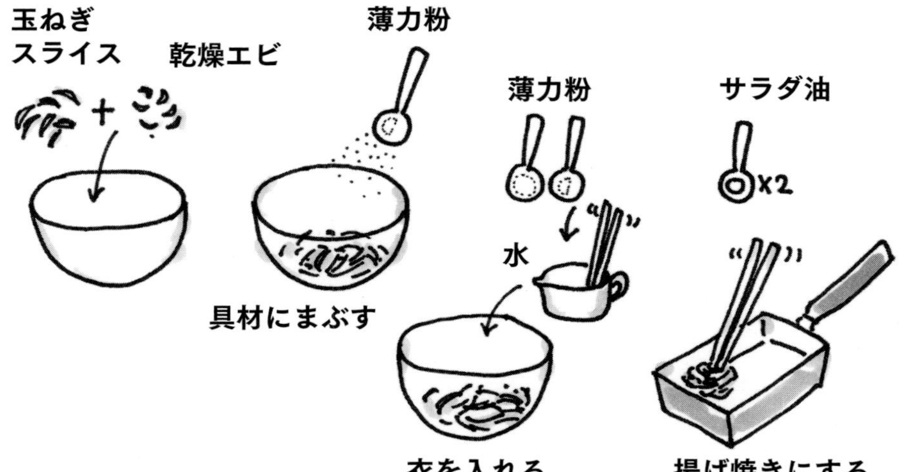

心の声

お腹は空いているのに、献立を考えるのが面倒です

提案

主食にもなる具だくさん汁をどうぞ

お腹は空いているけど、いったい何が食べたいのかわからない。決められない。この状況、結構頻繁に陥ります。

まずは自分で作るのか作らないのか、買って来るのか食べに行くのか……その日のやる気や食欲と相談します。

しかし、やる気がないときはビックリするほど想像力と決断力のスイッチも入りません。

ぼんやり考えながらそのうち考えるのも面倒になり、空腹に耐えきれずお菓子を食べて済ませるのが私の悪(あ)しきパターンです。

そうです、料理には「考えて決める」という、とても頭を使う作業があるのです。

心の声：
お腹は空いているのに、献立を考えるのが面倒です

さすがに「結局お菓子で血糖値を上げる」習慣は体にもよろしくありません。ですから最近は、この「とにかくやる気にならないモード」に入ったときは具だくさんの汁物を作ります。考える工程をすっ飛ばして、無の境地でひたすら作業を始めます。

まずは湯を沸かすことからスタートです。点火とともに、自分のやる気にも小さな火が灯（とも）ります。そしてエンジンがゆるくかかったらこの後も作業は「考えずに粛々と」です。

湯を沸かしている間に、冷蔵庫と冷凍庫の中を見渡します。余っている野菜があればもちろん使いますが、常備している野菜だってありますよね。

もし何もめぼしいものがなければ、乾物の切り干し大根やわかめや春雨を湯に投入します。湯を沸かしながら戻す作戦です。

汁物は具だくさんにすればそれだけでメインになりますが、野菜とたんぱく質を同時に摂れることもちょっと意識しましょう。

具材を煮込んで味つけした後でも、なんとなく栄養価を高めたいときには卵を落とし、味のパンチが欲しいならコチュジャンや豆板醤（トウバンジャン）を追加したり、仕上げに七味唐辛子を多めにかけていただきます。

具だくさんの汁でもお腹いっぱいになりそうにないときは、ごはんや麺を用意します。

お行儀が悪い……という声もひとりなら気にする必要はないので、汁にごはんを入れて雑炊に、麺を入れて煮込みうどんにすることもあります。

そうすれば一気にお腹が満たされます。

具だくさんの汁は、ありあわせの食材をたくさん入れることで栄養価だって整いますし、主食レベルの満足感も味わえます。放っておいてもだしは具材からたっぷりと出るので、味噌だけで十分風味が整います。

まさに全員野球か！と思うほど、ひとつひとつの具材が献身的に活躍してくれます。

心の声：
お腹は空いているのに、献立を考えるのが面倒です

色々な食材を味わいながらお腹に入れると、なんとなく気持ちも前向きになってきます。「欲しいものはこれだった」と口にしたときはいつも感動します。

そんなときはつくづく「簡単にスナック菓子やチョコで急に血糖値を上げずに済んでよかった」と思います。

急激に血糖値が上がると、体にもそれなりの負担がかかると言われます。

最近は「食べる順番」に気をつけるように言われていますが、炭水化物や甘いものをいただく前に、まずは野菜や汁物を摂るようにしたいものです。

その点、食べて満足感があり栄養バランスもいい具だくさんの汁は、なぜか身も心も温かくなる癒やしメニューなのです。

豚汁

調理時間
15分

材料

- 豚薄切り肉… 60g
  （食べやすい大きさに切る）
- ごぼう…10㎝分
  （乱切りして水にさらす）
- にんじん…1/2 本
  （乱切り）
- 大根…５㎝分（乱切り）
- こんにゃく…1/2 枚
  （食べやすい大きさにちぎる）
- 万能ネギ…適量（小口切り）
- ごま油…大さじ１
- 水…200㎖
- 味噌…大さじ１〜

作り方

1　鍋にごま油を入れて中火で熱し、豚薄切り肉を入れて軽く焼き色をつける。

2　ごぼう・にんじん・大根・こんにゃくを加えて軽く炒め、野菜に油が回ったら水を加える。

3　沸騰したら蓋をして弱火で７分加熱、大根が柔らかくなったら味噌を溶いて万能ネギをちらす。

ごま油を中火で熱し食べやすい
大きさに切った豚薄切り肉を入れ
軽く焼き色をつける

野菜に油が回ったら
水を加える

心の声：
お腹は空いているのに、献立を考えるのが面倒です

具だくさんシチュー

調理時間
20分

材料

- じゃがいも…小さめ1個
- 玉ねぎ…1/2個
- にんじん…1/2本
- ウインナー…３本（半分に切る）
- 豆乳（または牛乳）…300㎖
- 白だし…大さじ2
- 塩こしょう…少々
- サラダ油…大さじ1

作り方

1　サラダ油を鍋に入れて中火で熱し、食べやすい大きさに切ったじゃがいも・玉ねぎ・にんじんを入れて炒め、玉ねぎが透きとおったらウインナーを加えて軽く炒める。

2　豆乳を加えて弱火にし、5㎝ほど隙間をあけて蓋をして10分煮込む。

3　白だしを加え、塩こしょうで味を整える。

50歳からのひとりごはん
心の声と私の提案

問題その3

体を
いたわりたい

ごはんを食べるのは
ただお腹を満たすためだけではありません。
特に年を重ねたらなおさらです。
栄養バランスから塩分やカロリーまで、
気にしたらキリがありませんが、
自分をいたわるためにも
いくつか「ご自愛レシピ」を
覚えておきたいものです。

心の声

なにしろ胃もたれ世代。消化のいいもので自分をいたわりたい

提案

お腹に優しい、即効あったかレシピをどうぞ

最近「温活」という言葉をよく聞きますが、季節を問わず温かいものを欲するようになりました。

たとえ夏でも食事の後は温かいお茶がホッとしますし、温かいごはんと汁物があればそれだけで幸せを感じます。

このように、食事の温かさと幸福感はリンクしていると思うのです。

冷たいお弁当が時にわびしく感じるのも納得です。

温かいものは人を幸せにします。

そしてお腹の中から温まると、私はちょっと人に優しくなります。単純です。

心の声：

なにしろ胃もたれ世代。消化のいいもので自分をいたわりたい

今回おすすめするのは「きのこの湯豆腐」と「明太子豆腐雑炊」です。どちらも子供のころには見向きもしない地味な料理でした。「今日は湯豆腐よ」と聞けば、絶望したものでした。

全然パンチがない……。〝ただ温めた豆腐にタレや薬味をかけたもの〟がそれほど尊いか！と、いそいそと豆腐をすくう大人たちを冷めた目で見ていました。

また、具合が悪くなると母が作ってくれた雑炊は、たとえ高熱がでていても食欲旺盛な私には全然ピンときませんでした。

しかし、食の好みは変わり、体が欲する料理も変わりました。

今では大喜びで温かい豆腐や雑炊を大切にいただいている自分がいます。

温かい豆腐は薬味やタレすらなくても、そのままで口に広がる大豆の風味が美味しすぎて愛（いと）おしく、雑炊はお腹の中から温まって幸せな気持ちになります。

最近はスーパーでもちょっといい豆腐を買うようになりました。そんなとき、味覚の変化と経済力の観点から、大人になるっていいもんだなぁと思います。

また自宅の近所に美味しいお豆腐屋さんがあるのもありがたく、感謝しています。

湯豆腐には、だしと食物繊維を補えるきのこを加えます。きのこは数種類をほぐして冷凍保存してありますから、それを使います。しょうがをすりおろすのが面倒ならば市販のチューブでも構いません。薬味の小ネギやミョウガを用意できなければ、パックのかつお節をたっぷりかけましょう。

また、雑炊には梅干しや塩昆布を入れて風味豊かに仕上げることもあります。小さな幸せって、実はそこかしこにあるものですね。

どちらも「土鍋でグツグツ」に憧れますが、ひとりだとなかなか難しかったりします。

がんばらずにレンジで調理することもあります。フードコンテナのままではなくちょっといい器に盛って薬味とタレを別添えすれば、見た目もグッとよくなり贅沢な気持ちを味わえます。

このようにひとりごはんは食器を楽しむ余裕も生まれます。

メインが豆腐でも米でも、器や盛りつけによっては「食べながら楽しむ」ことができます。

心の声：
なにしろ胃もたれ世代。消化のいいもので自分をいたわりたい

さらに野菜や肉、タラなどの切り身魚や貝類を追加すれば「レンジ寄せ鍋」や「贅沢雑炊」にもなります。
まずはシンプルに作って、そこからアレンジをしてみましょう。

きのこの湯豆腐

調理時間
5分

提案レシピ

材料

- しいたけ…2枚(スライス)
- えのき…50g
  (食べやすい大きさに割く)
- 豆腐(絹でも木綿でも)…1/2丁
- 麺つゆ(3倍濃縮)…大さじ2
- 水…大さじ4
- しょうが（すりおろし）…小さじ1

作り方

1 耐熱容器に豆腐を入れ、上にしいたけとえのきをのせたら水と麺つゆをかけて軽くラップをして、電子レンジで2分30秒加熱。

2 しょうがを添える。

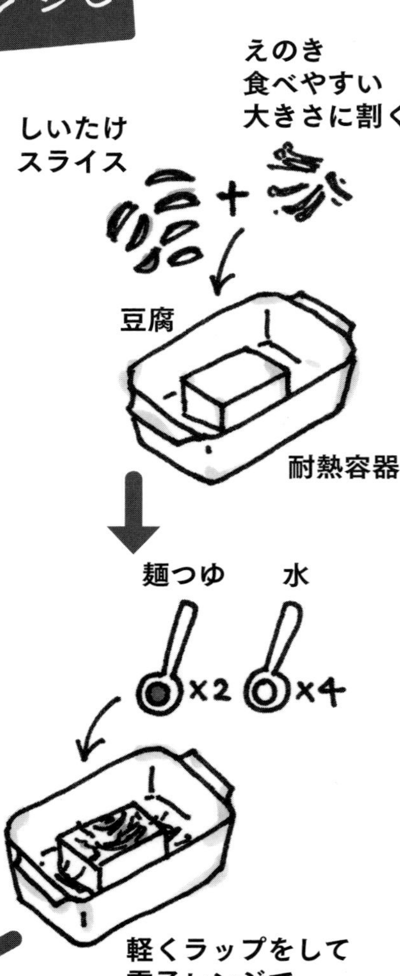

心の声：
なにしろ胃もたれ世代。消化のいいもので自分をいたわりたい

明太子豆腐雑炊

調理時間
5分

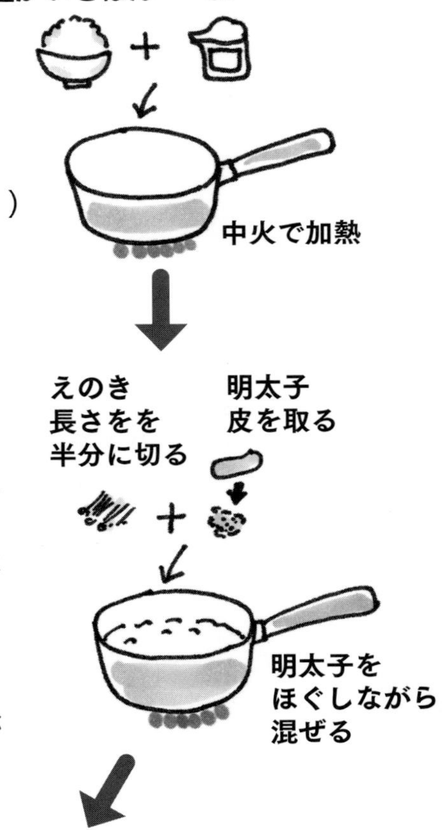

材料

- 温かいごはん…茶碗半分
- 明太子…１腹（皮を取る）
- 豆腐…1/3丁
- えのき…1/4束
（軸を切り落とし長さを半分に切る）
- 水…150mℓ
- 白だし…大さじ1
- しょうゆ…大さじ1/2

作り方

1　鍋に温かいごはんと水を入れて中火で加熱し、まわりがふつふつしたら明太子とえのきを加えて、明太子をほぐすように全体を混ぜる。

2　えのきがしんなりしたら白だしとしょうゆを入れてよく混ぜ、豆腐を砕きながら入れて豆腐が温まったら完成。

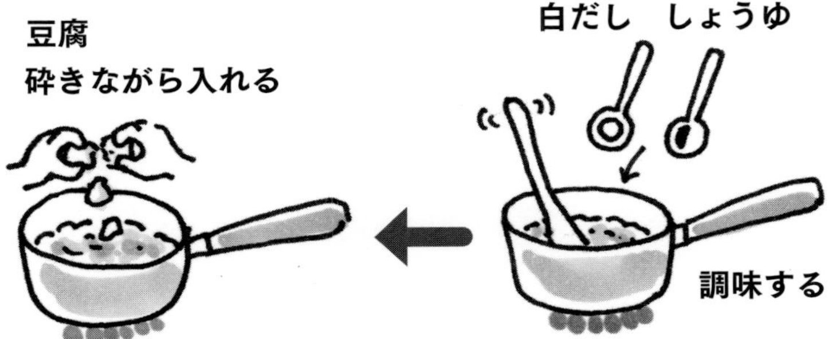

心の声

魚は体にいいと聞きますが、レシピ数がえしいのです

提案

ひとまず一尾丸ごとはパス。まずは缶詰と切り身魚から始めましょう

「魚料理のレシピがありません」

実は料理教室で一番のお悩みとリクエストがこれです。

焼き魚と煮魚しか思いつかないし、食べ飽きた……という声をよく聞きます。

年代にかかわらず、「魚は面倒」「ついつい手軽な肉中心になってしまう」という傾向がありますよね。

しかし、内心では「魚も食べたほうがいい」と皆さん一様に思っていませんか？

なぜでしょう。肉一辺倒ではいけませんか？

実際、魚には豊富な栄養があり特にカルシウムやＤＨＡやＥＰＡなど、肉からは摂

心の声：
魚は体にいいと聞きますが、レシピ数が乏しいのです

取しにくい栄養素や油分があります。加えて最近は、たんぱく質こそ体づくりに重要と取り上げられることも多く、肉も魚もバランスよく、その栄養を摂りたいと思います。

詳しいことはわからないけど、「カルシウムは骨によさそう」「DHAやEPAは脳によさそう」……というあいまいな「よさそう」概念を多くの方が持っていると感じています。だからこそ現実を見て「ろくに魚を摂取できていない」ことにモヤモヤするのではないでしょうか。

魚が体によいとわかっているので、がんばって作ってみるものの、なかなか定着しません。

そもそも魚を敬遠してしまう理由はたくさんあります。

単純に調理が面倒。焼くか煮る以外のレシピを知らない。
満足感や味のパンチがないので、家族のウケが微妙。
骨や内臓があって食べづらい。生ゴミが出る。
魚のほうが肉より高くつく。

……といったところでしょうか。

お腹を空かせた家族のためのごはんなら「肉さえ焼いておけばとりあえず大丈夫」でした。

しかし同時に「魚が足りない」といつもなんとなく気になっていました。

ところで最近、「歳をとったら肉より魚を好むもの」という今までの定説じみたものが変わってきました。

「長生きしている人は肉を食べている」という話をメディアで聞くようになったのです。

あれ？　魚はどうしました？　お役御免なのでしょうか？

私はこれも一概には言えないと思っています。好みと体質の問題だと思うのです。お年を召していても「肉を食べないと力がわかない」という方もいらっしゃいますが、

心の声：
魚は体にいいと聞きますが、レシピ数が乏しいのです

私は「肉を食べると消化不良を起こす」体質です。

そして「肉食こそ長寿」の風潮にひとこと言いたいのは、そもそも「肉を食べるほどの食欲と消化能力があるから結果長生きしている」ということもありませんかね？

アンチ肉派の私はちょっとひねくれた見方をしてしまいます。

周りの知人を見渡してみても、たくさん食べる人と少食な人、肉が大好きな人とそれほどでもない人……本当に様々でどっちがより健康だなんてわかりませんから。

いずれにせよ「肉！」「魚！」と偏ることなく、できる範囲で両方バランスよく摂れたら最高ですよね。何事にも「適度」というものがあります。

魚を食べれば必ず健康になるわけではありませんが、せっかくならば栄養豊富な魚料理のレシピをいくつか持っておくと安心ですよね。

実は私も一時期、「お魚さばき教室」に通ったことがありました。

人に頼らず自分で魚をさばけたら料理の幅が広がるし、単純に楽しいと思ったから

です。
教室では鮎を塩焼きにしたり、鯵をさばいたり、鰹の藁焼きも作り、最後は鯛までさばきました。やればできるものです。慣れたらもっと上手になるはず、という謎の自信も生まれました。

しかし、実際に家の定番レシピになったか？といえば、全然そうではありませんでした。

たしかにテキストを見返しながらさばくことはできるようになりましたが、それなりに時間がかかります。魚は手早く手際よくさばかないと全然美味しそうに見えません。

自力でまごまごとさばいているうちに、だんだん気持ちが萎えてきます。

ですからスーパーで新鮮な丸ごとの魚を見つけても、生ゴミ回収の日と献立のルーティン、そして未熟なスキルと手間を考えたら、結局家で調理することはありませんでした。

心の声：
魚は体にいいと聞きますが、レシピ数が乏しいのです

このように「できる」と「作ろう」という気持ちの間にはガンジスよりも巨大な川が流れています。できるからといって作るとは限らないのです。

ですからまずは切り身と缶詰。

切り身魚だって旬を感じることができます。そこから始めましょう。

缶詰のバリエーションは近年とても増えていて、変わった味つけも楽しめます。特に味噌味やトマト味などベースの味がついている缶詰を使うと、料理全体の味がまとまりやすく便利です。

普通に魚をさばいて調理するのが私の日常……となるにはまだまだ遠い道のりですが、それでもこれから挑戦してみたいこととして楽しみにとっておこうと思っています。

料理を仕事にしているのに、お恥ずかしながら手つかずの未熟な分野があります。

まだまだ料理で楽しめることがある！と、どこまでも前向きにとらえて。

イワシ缶詰ハンバーグ

調理時間
15分

材料

- イワシ缶詰…1缶（身だけを使用）
- 鶏ひき肉…80g
- しょうが（すりおろし）…小さじ1
- 大葉…2枚
- サラダ油…大さじ1
- しょうゆ…大さじ1
- みりん…大さじ1
- 酒…大さじ1

作り方

1　イワシの身をポリ袋に入れ、鶏ひき肉としょうがを合わせてもみながら混ぜる（イワシの身を砕くように）。

2　フライパンにサラダ油を引き、イワシ生地をハンバーグ型2つに成形して並べ、中火で焼く。

3　片面に焼き色がついたら上に大葉を貼りつけ、ひっくり返して蓋をして弱火で5分加熱し、しょうゆ・みりん・酒を加えて中火に戻して煮からめる。

ハンバーグ型にして
油をひいたフライパンで
中火で加熱。片面を焼いたら
大葉を貼りつける。
弱火で5分加熱。

心の声：
魚は体にいいと聞きますが、レシピが乏しいのです

鮭とブロッコリーのバタポンソテー

調理時間
10 分

材料
●鮭…１切（3 等分に切る）
●ブロッコリー…1/2 房（蕾の部分を縦半分に切る）
●塩…小さじ 1/2
●バター…大さじ 1
●マヨネーズ…大さじ 1
●ポン酢しょうゆ…大さじ 1

作り方
1　フライパンにバターを中火で熱し、鮭とブロッコリーを入れて塩を振り、鮭の両面に焼き色がつくまで焼く。

2　マヨネーズを加えて全体を炒め、ポン酢しょうゆを加えてからめる。

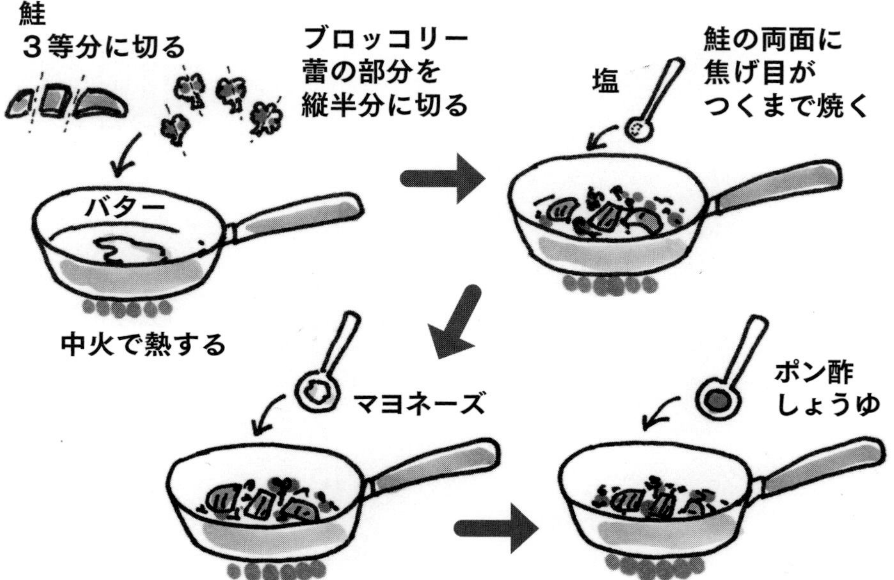

心の声

外食のボリューム・濃い味・油っぽさが辛くなりました

提案

自分のさじ加減でちょうどよく作ってみましょう

めっきり外食をしなくなりました。

単純に外に出るのが面倒になってきたこともありますが、実際に食べたいものが少なくなったというのも理由のひとつです。

それでも時々「これは食べてみたい」という衝動のままに口にした挙げ句、胃もたれしてちょっと後悔することがあります。

目で見て食べたい・美味しそうと感じることと、実際に食べたときの体の反応は違います。

しかし、外食メニューはとても魅力的です。

心の声：
外食のボリューム・濃い味・油っぽさが辛くなりました

絶対に自分じゃ作らなさそうな手の込んだ料理とか、映えるビジュアルとかシズル感……。芸能人の食レポや紹介動画は私たちの「食べてみたい」スイッチを押します。自分で作るものはどうしてもマンネリになりがちなので、そりゃあ時々違うものだって食べたくなりますよね。

料理教室の生徒さんからも「人が作ったものを食べたかった」とか「自分の味じゃないものを食べてみたかった」という感想を頻繁に聞きます。

私もテレビやSNSで見かけるこってりラーメンやチーズたっぷりのピザなど、行ってみたい・食べてみたい店をスマホに保存しています。これを時折見返してニヤニヤするのも楽しみなのですが、実際に出向いて食べるかというとちょっと躊躇（ちゅうちょ）してしまいます。

理由は出かけるのが面倒というのもありますが、見た目もボリュームも今の自分が食べるには過剰かな……とためらってしまうのです。

世の中のサイズは今の私には大きい！　ちなみに私の場合はカフェで季節ごとに変わるフラペチーノを飲み干したら冷えすぎてお腹を壊します。

そうです。外食はボリュームを調整するのも、食べすぎないように欲望を自制するのも簡単ではありません。実際に食べられる分だけ食べて残すことはとても気が引けますし、はじめから「少なめで」とお願いできないケースもあります。

かといって、ミニラーメンや一切れだけのできたて熱々ピザに簡単に出会えるものではありません。しかも、思った以上に味が濃くて油っぽい場合もあります。

食べ始めからしばらくはとても美味しいのですが、食べきるにはしんどく感じます。

私の友達がたまたま入ったカフェでどうしても食べたいパンケーキを見つけたときの話です。食べたいけれどボリュームがありすぎて迷っていたところ、たまたま隣に座った同年代の女性に声をかけてシェアしたそうです。

たっぷりの生クリームは半分くらいの量でちょうどよく、とても美味しくいただいたと聞きました。彼女のひらめきとコミュ力、そして行動力に感服です。

しかしこれは稀(まれ)なケースです。私の隣にいつもそんなベストなひとり客が座る可能性は少なく、なにより私は人見知りです。

ならば味も分量も「ちょうどいいもの」を自分で作ってみましょう。

心の声：
外食のボリューム・濃い味・油っぽさが辛くなりました

もちろん本格的なものを目指すのではなく、あくまでも「自分にちょうどいい」ものを作ってみるということです。

自家製ならば素材を吟味できます。また味つけ調味料も何をどれくらい使うか調整できます。塩やしょうゆ、油などの基本の調味料をちょっといいものにするだけで、薄味さっぱりでも美味しく仕上がります。また、「いつもと違う料理を作る」ことや、「できあがったときの感動」は地味でマンネリになりがちなひとりごはんのアクセントとなり、非日常を感じてウキウキします。

自分で作り出す非日常。
いつもじゃないから「できること」「やってみたいこと」もあります。

「やる気が出ない」「面倒」と散々ぼやいている私ですら、時には「作ってみたい」と純粋な情熱がわき上がることがあります。
そんなとき、料理はやっぱり楽しいと思うのです。

さっぱりおうちラーメン

調理時間
10分

提案レシピ

材料

- 中華麺…１袋
- 湯…250㎖（スープ用）
- 白だし…大さじ１
- 鶏ガラスープの素…大さじ１
- 万能ネギ…適量（小口切り）
- 海苔…適量
- ごま油…小さじ１
- こしょう…少々

作り方

1　鍋に湯（分量外）を沸かし、中華麺を入れて表示時間どおりゆでる。

2　器に分量の湯（250㎖）を入れ、白だしと鶏ガラスープの素を溶く。

3　ゆでた麺を**2**に加え、ごま油をたらし、万能ネギともんだ海苔を添えてこしょうを振る。

心の声：
外食のボリューム・濃い味・油っぽさが辛くなりました

れんこんピザ

調理時間
15分

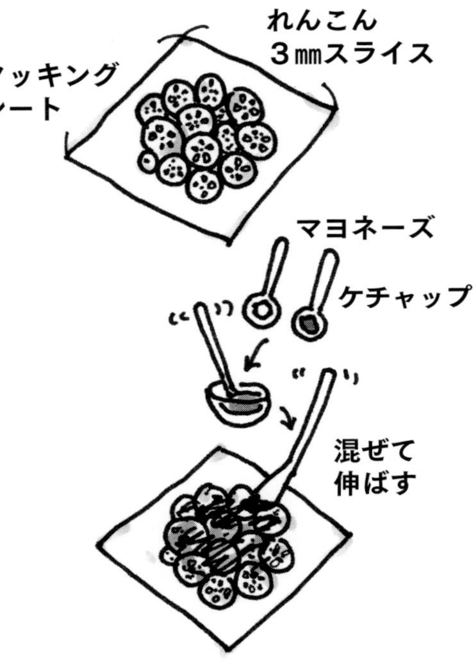

材料

- れんこん…1節
 (3㎜スライスして水にさらす)
- 玉ねぎ…1/4個(スライス)
- ピーマン…1個
 (種を取って3㎜の輪切り)
- ベーコン…2枚
 (食べやすい大きさに切る)
- マヨネーズ…大さじ1
- ケチャップ…大さじ1
- ピザ用チーズ…適量

作り方

1 クッキングシートを25㎝四方に切り、れんこんを全体に広げる。

2 上にマヨネーズとケチャップを混ぜたものをのばし、玉ねぎとベーコンをのせる。

3 ピザ用チーズを全体に広げて加えたら、最後にピーマンをのせてシートごと電子レンジで3分30秒加熱。
＊シートごとフライパンに入れて蓋をし、中火で6～8分焼いてもいい。

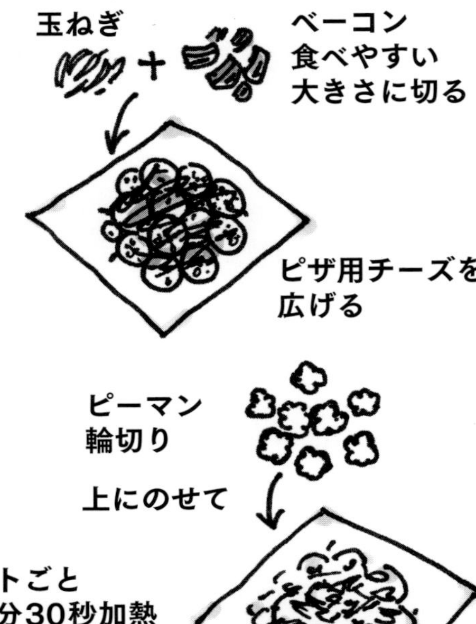

心の声

塩分摂りすぎが気になります

提案

味覚のリセットのつもりで薄味から始めましょう

ちょっと前まで親世代や諸先輩方が「お惣菜はしょっぱい」と言っている意味がわかりませんでした。

何でもかんでも「しょっぱい」「味が濃い」と言うのです。

しかし時は流れ、自分があの時の先輩たちの年代になりました。そして今、心の底から「お惣菜はしょっぱい」と感じ、外食ランチの付け合わせサラダのドレッシングも「酸っぱすぎる」と感じることがあります。このように、歳をとると味覚は変化してくるようです。

真実はわかりませんが、変化していることは確かです。それはきっと、劣化ではなく進化だと信じています。

心の声：
塩分摂りすぎが気になります

もともと私は北関東の出身なので、味つけは濃いめです。かけうどんなんて底が見えないほど真っ黒なつゆなので、きっと関西の人が見たら腰を抜かすことでしょう。

しかし、見た目と塩分は比例しません。上品な色合いに作られたお惣菜でも、案外塩味や酸味はしっかりついているものです。

関東でポピュラーな濃口しょうゆよりも、関西で一般的な薄口しょうゆのほうが実はしょっぱい、ということも思い出したりします。

最近は、レシピでもきちんと「塩分」を表示することが多くなりました。世の中の人の「減塩」に対する意識は高まっていると思いますが、その一方で外食が増えた今、最初の一口ですぐに美味しいと感じる「しっかり味つけ」傾向は強まっているように思うのです。口に入れたとたんすぐに「美味しい」と感じる即効性を重視し、インパクトがある濃い味に仕上げている気がします。

メイクだけでなく料理も「盛れるだけ盛る」流れは、ＳＮＳの影響だと思います。たっぷりチーズに真っ赤な激辛料理、皿からこぼれ落ちそうな盛りつけもよく見かけるようになりました。

そんな料理は食べ進むうちにだんだん塩辛さを感じるようになりますが、残してしまうのはもったいないので、結局頑張って完食します。

そして食べた後は必ずお腹の膨満感とともに喉の渇きに襲われます。結局、大量の水を飲んでしまい、翌日は完全にむくみ顔になってしまうのです。……人様は気づいていないかもしれませんが。

塩分の摂りすぎには注意をしたい年頃になりました。

ですから、自分で作るときこそ意図的に薄味に慣れてみましょう。

料理教室でも折にふれてお伝えしていることですが、「味は後からいくらでも足せます」。

口に入れる直前まで、なんなら口に入れてからも。

食べるときに塩やこしょうをかけたり、しょうゆや辛子をつけることも念頭に置い

心の声：
塩分摂りすぎが気になります

て味つけしましょう。

薄味ならば七味唐辛子やわさび、柚子胡椒にラー油にタバスコなど……常備しているけどなかなか減らない調味料をお好みで加えて楽しめる余白も生まれます。

このように「最後にちょっと味を足しながら食べる」のは、私が好きな食べ方です。

ですから、新しい料理のレシピを試すとき調味料はちょっと少なめに作って、仕上げの味見で好みの味に調節します。

さらに薄味だと、食材から出る「旨味（うまみ）」を強く感じます。

ちょっとした煮物やスープでも、塩とオリーブオイルだけでこんなに美味しかったなんて！とビックリすることもあります。

これには数年前、体調を崩してしばらくまともにごはんが食べられなかったときの体験があります。ようやく食べ物を口にできるようになり、回復食として「トマトと玉ねぎをただ塩で煮ただけのスープ」を作って食べました。本当に調味料は塩だけ。

一口いただき、素材の甘さと旨味、そしてほのかな塩味が美味しすぎて涙が出ました。

パソコンやスマホと同じように時々リセットしないと、味覚も知らぬ間に余分なものや不要な刺激が蓄積されて鈍感になったりバグったりしているのかもしれません。

どんどん辛く、どんどん甘く、もっとこってり……などという傾向は、どこかでいったん味覚のリセットが必要だと思います。

薄味スタートならば味の追加も味変も自在。

ぜひ味覚をリセットする意味でも薄味に慣れて、味の余白を埋める楽しみを味わいましょう。

心の声：
塩分摂りすぎが気になります

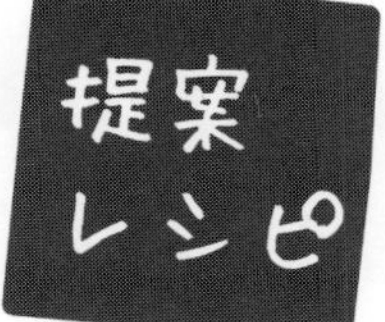

薄味ポトフ

調理時間
15分

材料

- ウインナー…４本
- 大根…５㎝ 分（1㎝厚さに切る）
- にんじん…1/2本（1㎝厚さに切る）
- ごぼう…10㎝分
（1㎝の斜め切りにして水にさらす）
- さつまいも…1/2 本
（皮をむいて 1㎝厚さに切って水にさらす）
- サラダ油…大さじ１
- 水…250㎖
- 白だし…大さじ２
- ブラックペッパー…適量

大根
１㎝厚さに
切る

にんじん
１㎝厚さに
切る

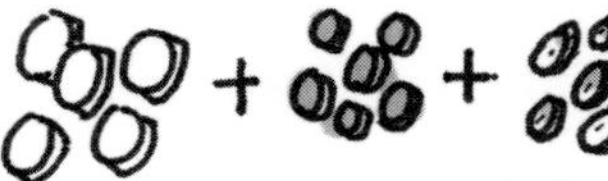

ごぼう
１㎝厚さに
斜め切り

鍋にサラダ油を
中火で熱し炒める

作り方

1. 鍋にサラダ油を中火で熱し、大根・にんじん・ごぼうを入れ、油が回るまで炒める。
2. 水・ウィンナー・さつまいもを加えて蓋をして煮る。
3. 沸騰したら弱火にして８分。白だしを加えて味を調節し、ブラックペッパーを振る。

50歳からのひとりごはん
心の声と私の提案

問題その4

たまにはちょっとだけ気分転換してみたい

自分ひとりのごはんだって、
たまには変わったものが食べたくなります。
また、妙に凝ったものをひたすら作るのも
意外と楽しく感じるときだってあるのです。
いつも「面倒だから簡単に」一辺倒じゃなく、
時には自由気ままに料理を楽しむ。
それもひとりならではの贅沢な時間ですよね。

心の声

自分の味つけのマンネリに飽きた！

提案

甘酢炒めがおすすめです

自分で作っていると「好きな味」「間違いなく作れる味」に偏ります。これは当然のことです。

私もたいてい、塩こしょうのシンプル系か、しょうゆとみりんの甘辛系のどちらかになります。

もちろん、気分によってちょっと辛めにしたり、ごま油やオリーブオイルで風味づけをしたり、ちょっとのアレンジはありますが、どれも〃想定の範囲内〃です。

だからといって「〇〇の素」などを買いそろえると、結局使いきれなかったり、想像と違ったりして、「冷蔵庫で忘れ去られた存在」になっていきます。

じゃあ、自分で作ろうと思っても、わざわざレシピを探して調味料を計量して……

心の声：
自分の味つけのマンネリに飽きた！

というのもおっくうだったり。
もう、パパッと目分量で作っちゃいたいときがあります（ほぼ常時ですが）。
奇をてらったものではなく家にある調味料で簡単にできる、そして想像しただけで美味しいことがわかる……とくれば、私のおすすめは「甘酢炒め」です。
ごはんのおかずにピッタリなこと間違いなしです。

味つけはしょうゆ・砂糖・酢の三つだけ。目分量でも大丈夫です。
さらに、素材を選ばないストライクゾーンの広さもおすすめポイントです。
豆腐でも、肉でも、魚でも。練り物でも野菜でも……いろんな食材を甘酢がまとめあげます。
食材はひとつだけでも構わないし、たんぱく質と野菜を合わせて作っても間違いなくマッチして美味しく仕上がります。

作り方も簡単で、魚や肉などの食材には軽く片栗粉をまぶしますが、そのおかげで味がよくからみます。また自然にとろみもつきますから冷めても固くならず、時間がたっても水っぽくなることもありません。

また既存のおかず、たとえば唐揚げやスクランブルエッグに後がけしてもいつもと違う感じになります。

甘酢あんの素だけ別に作っておけば、冷蔵庫で三日くらい保存可能です。

マヨネーズと混ぜてゆで野菜や生野菜のドレッシングにも早変わり。

もうどれだけ褒めればいいのでしょうか。

この甘酢炒めは間違いなくごはんが進み、個人的に最強の〝脱マンネリ〟おかずだと思っています。

心の声：
自分の味つけのマンネリに飽きた！

提案レシピ

甘酢炒め

調理時間
5分

材料

- ちくわ…２本
  (1㎝の斜め切り)
- ピーマン…2 個
  (種を除き、食べやすい大きさにちぎる)
- サラダ油…大さじ 1
- 酢…大さじ 1
- しょうゆ…大さじ 1
- 砂糖…大さじ 1
- かつお節…小 1 パック（ 2g ）

作り方

1 フライパンにサラダ油を中火で熱し、ちくわとピーマンを炒める。

2 酢・しょうゆ・砂糖を混ぜておき、ピーマンに油が回ったら加えて煮からめ、かつお節をちらす。

ちくわ
1㎝の斜め切り

ピーマン　食べやすい大きさにちぎる

保存用　甘酢あんの素

・甘酢あんの素＜酢・しょうゆ・砂糖を同量＞を瓶に入れて保存。加熱した食材にかけて煮詰める。
・食材が肉か魚の場合はあらかじめ片栗粉をまぶしてから焼き、甘酢あんの素を加えて煮詰めると自然なとろみがついて固くならずにいただける。

心の声

ひとりごはんだってたまには気分を変えて楽しみたいです

提案

では、あえていつも作らない料理を作ってみましょう

自分が食べたいものを食べる気軽さの反面、たまには違うものを食べたい、あえて手間をかけて作ってみたいという「非日常」を求めるモードに入るときがあります。

いつものごはんからちょっと気分転換したくなるのです。

食べるということでいえば、一歩外に出ればあらゆる種類の食べ物があふれている恵まれた食環境の我が国であります。

しかし、外に出るには身支度を整え、店探しや、オーダーや会計の手間、気になる隣の席の会話や周囲の雑踏など……様々な状況を乗り越えなければなりません。

当然それは気晴らしや刺激でもあり、外に出ることで料理のアイデアがひらめく

心の声：
ひとりごはんだってたまには気分を変えて楽しみたいです

きっかけや鬱々とした気持ちのリセットにもなります。

家の中でいつもの部屋着のまま簡単なごはんで済ませるのは、とても楽ですよね。それでも私は、時々こんな思いがわき上がります。「たまには違うものが食べたい」「家のごはんでもちょっとだけ気分を変えたい」

そんなとき、あえて手間をかける料理や普段なかなか作らない料理は、作業に没頭できることもあり、絶好の気晴らしにもなります。そうなったら立派なレクリエーションです。

また私は「やればできるはず」と、料理に対して何となく根拠のない自信を抱いていますが、本当に作ってみて成功すると、「自分でもできた！」と嬉しくなります。このような力試しは面白く、やる気の源泉になると思います。

誰かのためにとか、この時間までになどという義務感と制約がなければ、純粋に料理を楽しむこともできるのです。

コロナ禍に、初めて料理に挑戦してみてその楽しさに目覚めて創作料理にハマる人や、スパイスや高級肉を買い込んでじっくり煮込むカレー作りに没頭するお父さんたちを思い出します。

そもそも料理はクリエイティブな作業であり、細かな工程に集中することが束の間の現実逃避や癒やし時間になります。

またいくつかの素材からひとつの料理へと完成していくさまは、ワクワクする瞬間でもあります。

しかもできあがった料理を食べられるわけですから、完成品というご褒美もあります。

ですからそんな「非日常を楽しみたい」スイッチが入ったときこそ、存分にひとつひとつのプロセスに時間と手間をかけて味わってみるのもストレス発散になります。

自分の機嫌は自分でとる。そんな言い方も最近聞くようになりましたが、たまには家でのんびり「ここまで手をかける?」という料理を作ってみるのも大切な自分のための時間ではないでしょうか。

心の声：
ひとりごはんだってたまには気分を変えて楽しみたいです

フライパンで串焼き 鶏肉&ししとう プチトマトの肉巻き

調理時間
10分

材料

- 鶏もも肉…120g（4つに切る）
- ししとう…4本（軸を切り落とし竹串で数か所穴をあける）
- プチトマト…6個（ヘタを取る）
- 豚バラ薄切り肉…6枚

＊タレ（作りやすい分量・冷蔵庫で2週間保存可能）
材料をすべて鍋に入れ、半量になるまで中火で煮つめる。

- しょうゆ…100mℓ
- みりん…100mℓ
- 砂糖…大さじ1

作り方

1 竹串に鶏肉とししとうを交互に刺し、プチトマトは周りに豚バラ肉を巻いて串に刺す。

2 フライパンを熱し油をひかずに、**1**の串を置いて焼き色がつくまで中火で焼く。

3 鶏肉はタレをかけて、プチトマトは塩を振っていただく。

気分転換に
おうち居酒屋風

変わりポテサラ三変化

普通のポテサラ

調理時間
8分

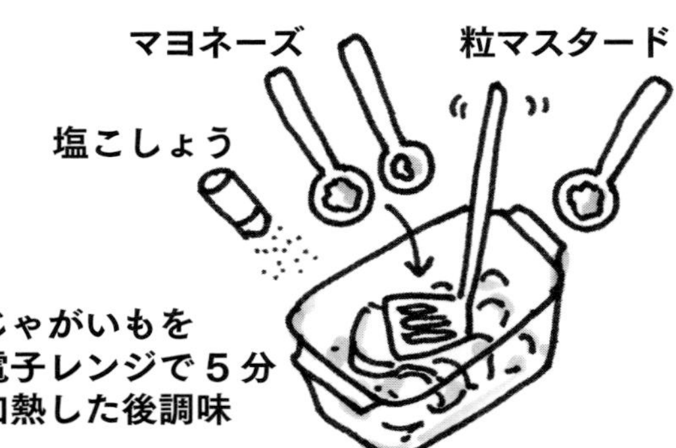

材料

- じゃがいも…1個
- マヨネーズ…大さじ1 1/2
- 粒マスタード…大さじ1
- 塩こしょう…適量

作り方

1 じゃがいもの皮をむいて適当な大きさに切り、耐熱容器に入れて軽くラップをし、電子レンジで5分加熱。

2 じゃがいもをつぶしながら調味料を混ぜる。

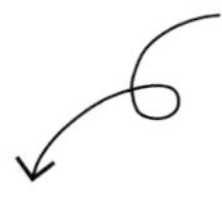

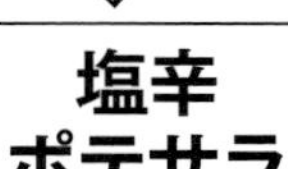

クリチ&たくあん ポテサラ

普通のポテサラ
+
刻んだたくあんと
クリームチーズ

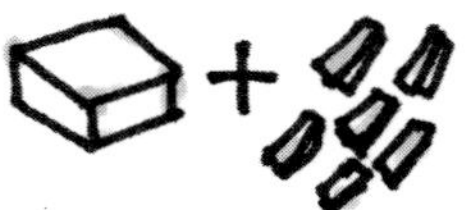

塩辛 ポテサラ

普通のポテサラ
+
塩辛

玉ねぎカレー ポテサラ

普通のポテサラ
+
玉ねぎカレー
（薄切りにした玉ねぎを油で炒めてカレー粉を振る）

心の声：
ひとりごはんだってたまには気分を変えて楽しみたいです

炊飯器で手羽元スープ煮

調理時間 50分

炊飯器で
じっくり煮込む

材料

- 手羽元…４本
- 玉ねぎ…小さめ１個（４等分に切る）
- セロリ…1/2 本（筋を取って 5㎝幅の斜め切り）
- 水…300㎖
- コンソメキューブ…１個（顆粒なら小さじ１強）
- ブラックペッパー…適量

作り方

1. 炊飯器の内釜に、手羽元・玉ねぎ・セロリを入れて水とコンソメを加えて普通に炊く。
2. ブラックペッパーを振っていただく。

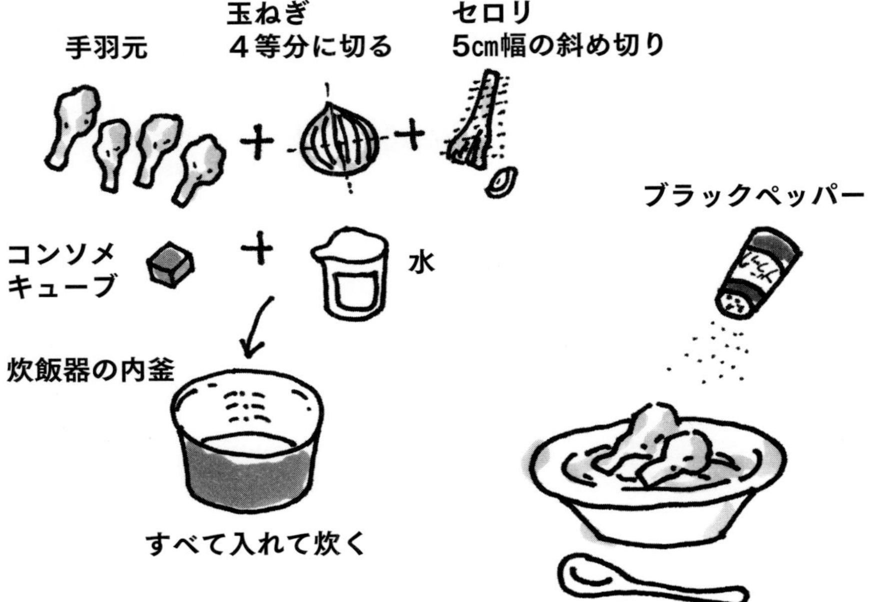

心の声

簡単にできるなら「自家製」に挑戦してみたい

提案

作るかいのある簡単自家製調味料があります

自家製調味料を作って使いこなす……とは憧れではありますが、なかなか「やってみよう」と腰をあげるきっかけがみつかりません。

そして何より、作ったはいいけど使いきれるのか？　劣化しないのか？

そんなことを考え始めて、躊躇してしまいます。

しかし、味のレパートリーが広がると食事が豊かになります。また「自家製の調味料を作る」ということは、私にはうっとりと憧れる世界であり、ていねいな暮らしをしている気持ちになります。

やらないよりやってみる。少しだけ時間に余裕ができてくる我々世代にはちょうど

心の声：
簡単にできるなら「自家製」に挑戦してみたい

いい余暇の楽しみ方かもしれません。

そこで本当に簡単にできる自家製、しかも普段使いができるので、あまり劣化の心配がないものをご紹介します。

調味料なのでこれだけ作って終わりではありません。料理を作るためのものです。ですから、やたら手間がかかってしまい調味料作りでやる気を全部使い果たしては本末転倒です。

これなら「やってみよう」「使いきれるかも」と思える簡単で便利な調味料です。

ついでに、あんな料理こんな料理に使っても美味しいかも！　たまにはそんなことを考えながら自分で調味料を作るのが、気分転換になることもあると思います。

玉ねぎ麹 ＊作りやすい分量

材料
- 乾燥麹…100g
- 玉ねぎ…300g
  （大きめ1個をすりおろす）
- 塩…大さじ2
- 水…100 ～ 150㎖

作り方

1 ボウルに乾燥麹を手でバラバラにしながら入れ、塩を加えて手で全体を混ぜる。

2 玉ねぎを加え、全体が浸るまで様子を見ながら水を入れて、スプーンでよく混ぜる。

3 消毒した瓶に移し替え、蓋をして日の当たらない場所に常温で置いて発酵させる。

4 1日1回、全体をスプーンでよく混ぜて、5～10日過ぎて色がベージュか薄ピンク色になったら冷蔵保存。（3か月保存可能）

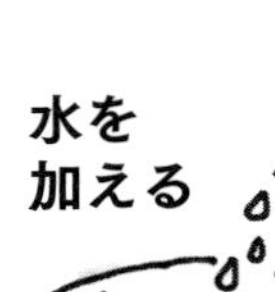

★使い方
- コンソメの代わりに、ポトフなどのスープの味つけに
- キュウリやナスなどの生野菜にもみ込んで即席漬けにも

心の声：
簡単にできるなら「自家製」に挑戦してみたい

柚子味噌

調理時間
10分　＊作りやすい分量

材料

- ●柚子…2個
（皮をすりおろし果汁を絞っておく）
- ●お好みの味噌…100g
- ●ハチミツ…大さじ2
- ●みりん…大さじ2

作り方

1 鍋に味噌とハチミツ、みりんを入れて中火で加熱する。

2 沸騰したら弱火にし、柚子の果汁と皮を入れて時々かき混ぜながら5分煮つめる。
（冷蔵庫で1か月保存可能）

★使い方

・トーストや厚揚げやおにぎりにぬって焼く
・ふろふき大根や青菜のゆでたものにかける

大葉味噌

調理時間
5分

材料

- ●大葉…10枚（細切り）
- ●お好みの味噌…大さじ2
- ●酒…大さじ1
- ●みりん…大さじ1
- ●砂糖…大さじ1
- ●しょうが…小さじ1
（みじん切り）
- ●ごま油…大さじ1
- ●白いりごま…適量

作り方

1 フライパンにごま油を中火で熱し味噌・酒・みりん・砂糖・しょうがを入れてふつふつするまで炒める。

2 大葉を加えて混ぜたら、火を止めて白いりごまを加える。

★使い方

・ゆでたこんにゃくにかける
・ごま油で炒めたピーマンにかける

具だくさんラー油

調理時間
10分　＊作りやすい分量

材料

- ●ごま油…大さじ 2
- ●一味唐辛子…小さじ 1
- ●にんにく…1 片（みじん切り）
- ●しょうが…1 片（みじん切り）
- ●玉ねぎ…1/4 個（みじん切り）
- ●ピーナッツまたは
  アーモンド（細かく砕く）…大さじ 1
- ●しょうゆ…大さじ 1
- ●砂糖…大さじ 1/2
- ●白いりごま…大さじ 2

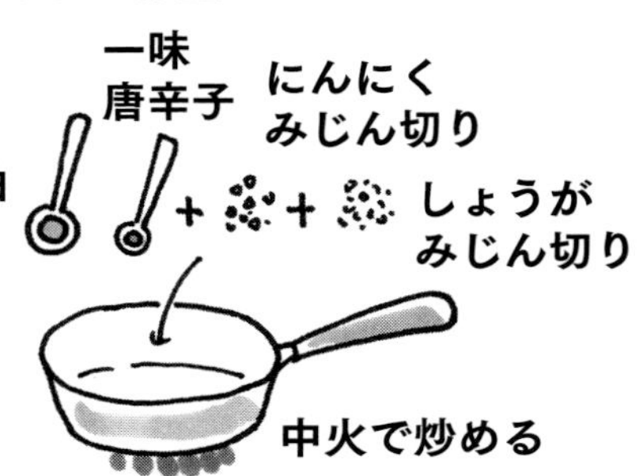

作り方

1　フライパンにごま油・一味唐辛子・にんにく・しょうがを入れて中火で熱し、香りが立ったら玉ねぎを入れて炒める。

2　玉ねぎがしんなりしたらピーナッツを入れて炒める。

3　ピーナッツに油が回ったら、しょうゆ・砂糖・白いりごまを加えてひと炒めして火を止める。

★使い方

- ・温かいごはんや冷ややっこ、
  ゆでた鶏肉にかける
- ・生のアボカドやトマトにかける
- ・温かいうどんや中華麺の味変にも

心の声：
簡単にできるなら「自家製」に挑戦してみたい

即席コチュジャン

調理時間
25分
＊作りやすい分量

材料
- ●水…200mℓ
- ●塩…大さじ1
- ●きび砂糖…175g
- ●米麹味噌…250g
- ●粉唐辛子…50g
- ●酒…大さじ1
- ●酢…大さじ1

作り方
1 鍋に水と塩を入れて中火で加熱し、きび砂糖を入れて木べらで混ぜて溶かす。
2 米麹味噌を入れて軽く砕き、粉唐辛子を入れて粉気がなくなるまで手早く混ぜる。
3 2cmほど隙間をあけて蓋をし、表面がふつふつしてきたら弱火にして15分。
4 途中3、4回ほど下からこそげるように木べらで全体を混ぜて、再度隙間をあけて蓋をする。
5 加熱が終わったら粗熱を取り、酒と酢を混ぜ合わせてよく冷まし、消毒した瓶に詰めて冷蔵保存。（冷蔵庫で1年保存可能）

★使い方
- ・味噌汁に入れてチゲ鍋風にしたり、同量のマヨネーズと合わせて生野菜のディップに
- ・食パンにバターをぬり、その上にぬってトーストするのもおすすめ

心の声

いつだって「別腹」。罪悪感のない甘いものがちょっとだけ欲しい

提案

少量作れる、すぐにできる非加熱スイーツ

いくつになっても甘いものは別腹です。デパ地下やコンビニには次から次へとハートを射抜くスイーツが登場して、その誘惑と日々戦うことになります。

しかし、食べたい欲望に負けていったん買ったら最後。食べきることが必須という「免罪符」を手にしたからには、喜んでそのミッションを完了してしまいます。

はい。たいていの甘いものは無理なくたいらげる私です。

それにしても食事では塩分や油分に気を遣い、おやつでは糖分やカロリーを気にする生活に時折大きなストレスを感じます。

気にせず好きなものを好きなだけ食べられたらどんなに幸せでしょうか……人生で

心の声：
いつだって「別腹」。罪悪感のない甘いものがちょっとだけ欲しい

何度もそう思ってきました。

ちなみに数年前、胃痛に悩み、胃カメラを飲みましたが、結果、「全く異常ありません」とあっさり言われて拍子抜けしました。

胃の痛さに比べて診断があまりに簡単だったのでお医者さんに「ホントに痛いのです」と涙目で訴えましたが、「ストレスですね」のひとことで薬ひとつ処方されませんでした。

このとき、「半日のストレスで胃潰瘍になる」という話を聞き、ストレスの影響の大きさに驚きました。

話がそれましたが、ときに自分を甘やかす・適度にガス抜きすることはとても大事なのです。

私は「甘いものが食べたくなるのは、自分を甘やかしてあげなさいというメッセージ」だと思うようにしています。もちろん砂糖の過剰摂取には弊害がありますが、ストレス軽減の役割だってあると思うのです（ぜひ盛大にあってくれ）。

最近では「ヘルシーな甘いもの」として米粉や麹を使った低糖質スイーツも見かけますが、私にはどこか物足りなく、せっかく食べても満足感が得られずモヤモヤします。

甘いものはちゃんと甘くあってほしい、と思います。

そこで、カロリーや糖分など、比較的罪悪感を感じずにすみ、手軽に少量だけ作れるスイーツをご紹介します。どちらも料理教室で大好評だった「少量作れる」スイーツです。

生クリームやチーズを使わないヨーグルトティラミスは、低脂肪のヨーグルトを使えばヘルシーに、かつほどよい酸味でさっぱりといただけます。

月餅の形状は想像とは違うと思いますが、クラッカーでサンドして食べると「口の中で月餅になる」と大反響でした。

ぜひ「美味しいものをちょうどよく」と心で唱えつつ、いつも頑張っている自分へのご褒美としてどうぞ！

心の声：
いつだって「別腹」。罪悪感のない甘いものがちょっとだけ欲しい

提案レシピ

ヨーグルトティラミス

調理時間
5分

材料

- 水切りタイプヨーグルト（無糖）…1パック（190g）
- 砂糖…大さじ2（またはハチミツ）
- 蒸しパン…1/2個
- インスタントコーヒー…大さじ1
- 湯…大さじ2
- ココアパウダー…適量

作り方

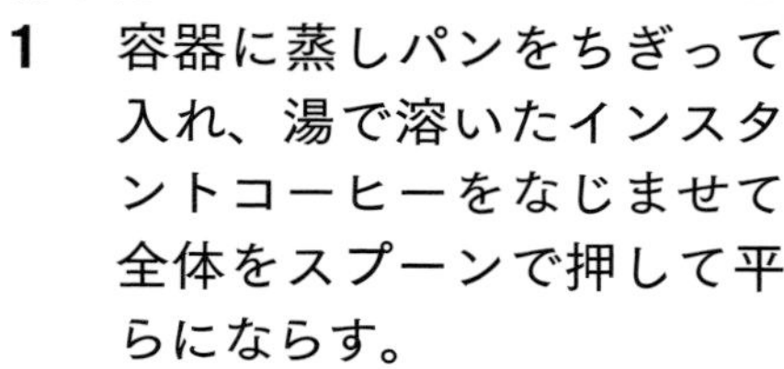

1　容器に蒸しパンをちぎって入れ、湯で溶いたインスタントコーヒーをなじませて全体をスプーンで押して平らにならす。

2　上に砂糖を混ぜたヨーグルトをのせて、最後にココアパウダーを振りかける。

口の中で月餅

調理時間
2分

材料

- 粒あん…50g
- 黒すりごま…大さじ1
- ハチミツ…小さじ1
- クラッカー…適量

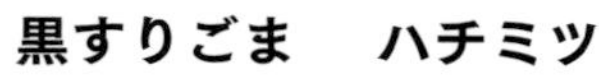

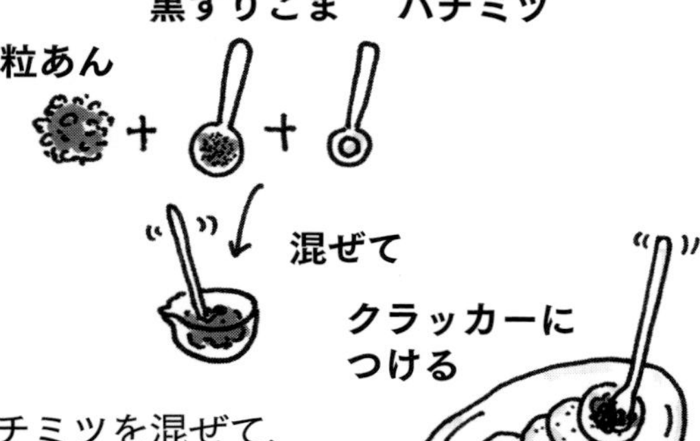

作り方

粒あんに黒すりごまとハチミツを混ぜて、クラッカーにつけて食べる。

おわりに

「自分流のごはん作り」でいい

「自分のために作るごはん」をお伝えするにあたり、
「この程度のものでいいのだろうか?」と悩みました。
炭水化物ひと皿でも自分を許すとか、
レンチンだけで作る料理など、そのラインナップや手順を見て、
担当編集者も「シンプルすぎる」とちょっと驚いたようです。
しかし、毎日の自分の食事を振り返ると
本当にこの程度だったのです。

品数や栄養面など「他の人はもっとちゃんとしているのかもしれない」と、生徒さんや同年代の友達に聞いてみましたが、
悩みや苦手と思うことは人それぞれ。
自分が簡単に作れるものをその日の気分で
ちょうどよく食べていけばいい、という考えにたどり着きました。
もちろん栄養バランスも気にかけますが、
あくまでも「できる範囲で」です。

この本を通じて、皆さんそれぞれが「自分が無理なくできること」を見つけられたら、心から嬉しく思います。

2023年10月

本多理恵子

＼アンケート／

私たちの「いつもの晩ごはん」の実態

日々のごはん作りの悩みや晩ごはんにどんなものを食べているのかを、
同世代の友人、料理教室の生徒さんに、聞いてみました。
普段の晩ごはんを食べる人数は、「ひとり」「ふたり」「それ以上」が 1/3 ずつ、
悩みもごはんの内容も本当に人それぞれでした。

晩ごはんに何を食べている？

●週１ステーキ、週１刺身。あとは野菜や豆腐、乾物を使った惣菜。

●豚肉か牛肉と野菜の炒め物、野菜の煮物、焼き魚、ボイル野菜（レンチンが多い）。

●お酒とセットなので、お酒もごはんも進むもの。鶏肉、豚肉、野菜を蒸すか焼くかの簡単なもの。

●高齢の母と同居しているで、ごはんに合う野菜多めの煮物、炒め物、スープ類。

●フライパンひとつでできるお肉系おかず。

●肉や魚のたんぱく質は必ず、副菜は２、３日で食べきるように作り置く。

ごはん作りの悩みはある？

●買い物が面倒、野菜を切るのも面倒、後片づけが面倒。作ることはそれほど面倒ではないかも。

●食材を無駄にしないために同じ食材でサラダや焼き野菜にし、塩こしょうなど簡単な味つけで。

●段取りよく作りたいので、前日や当日の午前中から晩ごはんのメニューを考える。

●夫の職場が家になって数年。平日の家ごはんがものすごく増えた。たまに変わったものをと思うと失敗する。料理は嫌いではないけど、美味しく作れない。もう作る係をやめたい。

●仕事で疲れているから、野菜を刻むのが面倒、鶏もも肉を切るのが大変。

●材料を余らせて廃棄することが多い。好き嫌いが多い家族がいると作るものが限られる。私がいないときは、自分たちでは作らず、惣菜を買ってくる。

本多理恵子　Rieko Honda

2007年より鎌倉の自宅カフェにて、手ぶらで参加できる料理教室「お気軽料理サロン」を主宰。その日にすぐ作りたくなるような簡単な家庭料理が好評で、参加人数はのべ1万3000人を超える。野菜ソムリエ。オリーブオイルソムリエ。初の著書『料理が苦痛だ』(自由国民社)で「料理レシピ本大賞 in Japan 2019」エッセイ賞受賞。近著に『ごはん作りの絶望に寄り添うレシピ』(エムディエヌコーポレーション)がある。本書では、子育てを卒業したのをきっかけに「ひとりで食べるごはん」を見つめ直し、日々の暮らしで無理なく作れる料理を提案。「人と比べず、無理せず、今の自分にちょうどいいものを食べていく」をモットーに、読者が料理を通じて、快適な日常を送れるように応援していきたいと考えている。

装丁・本文デザイン／原田暁子
撮影／山下みどり
イラスト／斎藤由佳

50歳からのひとりごはん
少量・手抜き料理で生きていく！

2023年11月30日　第1刷発行

著　者　本多理恵子

発行者　樋口尚也
発行所　株式会社 集英社
〒101-8050　東京都千代田区一ツ橋2-5-10
電　話　編集部　03-3230-6137
読者係　03-3230-6080
販売部　03-3230-6393（書店専用）

印刷所　TOPPAN株式会社
製本所　株式会社ブックアート

Printed in Japan　ISBN978-4-08-781736-2　C0095